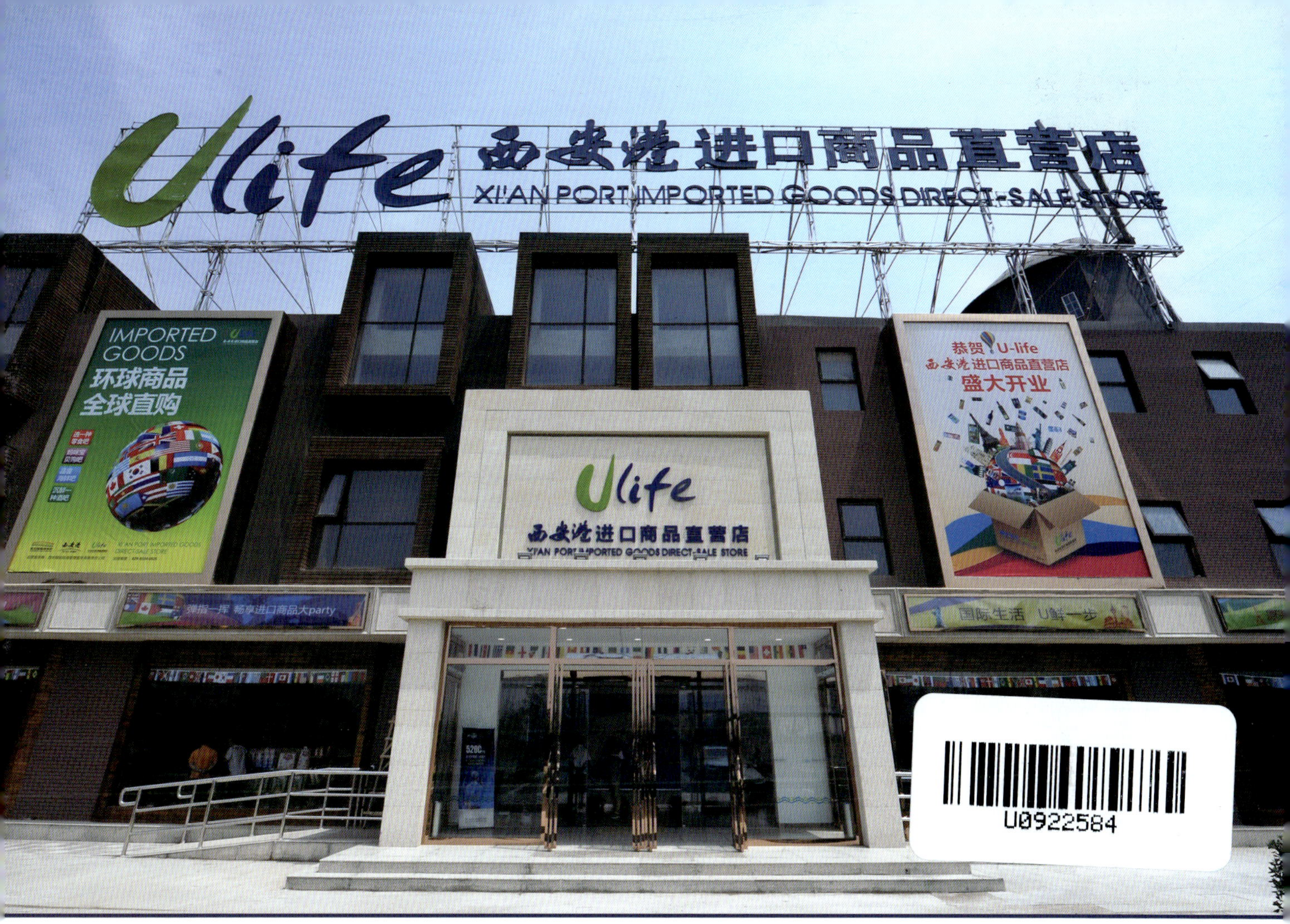

Ulife西安港进口商品直营店

Ulife西安港进口商品直营店，是西安国际港务区管委会、西安国际陆港集团依托西安港的港口口岸功能，全力打造的进口商品线上线下展示交易平台。该项目由陆港集团投资建设，由陆港集团旗下的子公司西安国际陆港管理服务有限责任公司承担运营工作。

直营店位于西安国际港务区西南门户处，南接北三环西临灞河，已于2015年6月30日启动运营，一期主要经营进口食品、酒类、生鲜、母婴用品四大类商品，项目运营后将为广大市民提供质优价廉的进口商品，极大地提高了市民的生活品质和国际购物新体验。该项目通过海铁联运、保税仓储、城市配送以及线上线下互动的商业模式创新，为进出口贸易商搭建了一个交易平台，有效带动陕西省进口商品上下游产业的发展，最终形成商贸、物流、供应链金融等现代服务业的快速聚集！

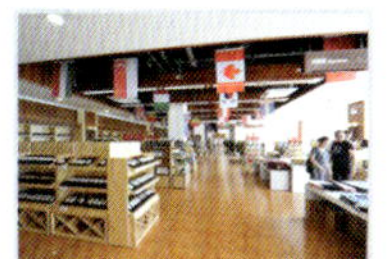

平台优势

依托“以大物流带动大服务，以大服务升级大产业，以大产业推动大城市，为大城市开创大未来”的西安港，Ulife直营店真正可以做到“买全球”。西安综合保税区+西安铁路集装箱中心站+进口指定口岸=全球进口商品通过“陆港直达”方式进入西安；长安号+西安铁路集装箱中心站+进口指定口岸=欧洲、中亚商品进入西安。

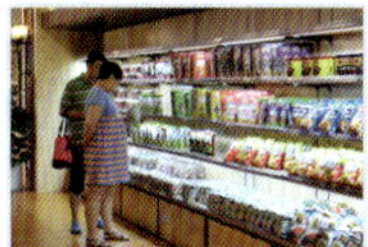

渠道优势

依托西安港优势平台，直营店将采购终端直接延伸至国外生产厂商和国际供货商，由一级代理商直接面对消费者，最大限度地减少货物流通的中间环节。

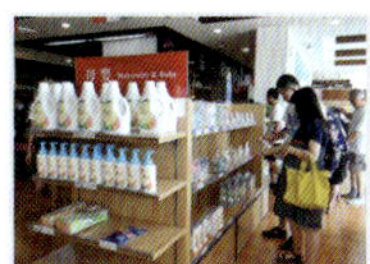

品质优势

对于Ulife直营店里商品的质量，消费者可以100%放心，除必须在通关过程中经海关与检验检疫质检外，直营店里每天都安排专人对商品进行专业与严格的质检，确保消费者对所售各类商品放心无虞。

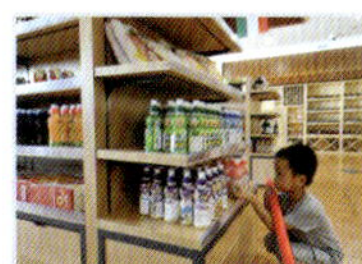

内容优势

Ulife直营店一期主要经营内容有进口食品、酒类、生鲜、母婴用品四大类；预期随着西安港建设运营的逐步推进，Ulife直营店将可以销售更多种类的进口商品，包括服装、箱包、化妆品、厨卫用品等日用消费品，以及汽车等耐用消费品都将囊括其中。

未来，西安市民“足不出市”便可在这里一站式采购到各类质优价廉的进口商品，生活品质和购物体验都将得到提升。

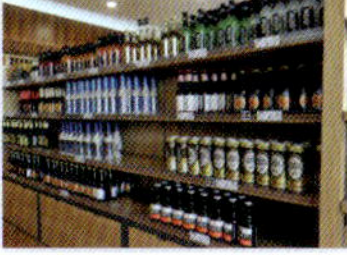

价格优势

直营店还可利用综合保税区的保税功能，降低运营商的资金占有率，减少运营成本，从而可以让利于消费者，让西安的消费者能以更低的价格享用更丰富的进口商品。

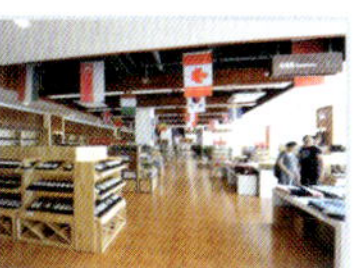

时空优势

Ulife直营店位于西安国际港务区西南门户处，南接北三环西临灞河。对于城市有车族来说，这个距离一脚油门、瞬间可达，无异于是开在家门口的世界商品博览园。从此，西安市民采购进口商品可以告别中国香港、首尔，告别舟车劳顿，在Ulife直营店半天搞定。

地址：西安国际港务区杏园立交西北角陆港金海岸营销中心　热线：400–829–8366

沈阳铁路局

全品类开发 全流程服务
全方位经营 全过程管理

沈阳铁路局隶属于中国铁路总公司，是以铁路运输为主，兼顾多元化经营为一体的国有特大型交通运输企业。

沈阳铁路局职工总人数为247680人，铺设线路延展长度23393公里，配属机车2049台，客车4917辆，CRH5型动车组46组，CRH380B型动车组65组。管内线路跨及辽宁、吉林省的全部，内蒙古自治区东南部，黑龙江省南部，河北省东北部地区。现有货运办理站483个，东北货物快运列车办理站501个、作业站203个。

自2013年6月货运改革以来，沈阳铁路局在中国铁路总公司及地方省（区）委、省（区）政府的领导下，以向现代物流转型发展为目标，在改革货运组织方式，完善物流功能，提升服务水平，满足客户需求等方面取得了重要进展和较好成效。

2014年，沈阳铁路局实现营业收入548亿元，旅客发送量完成21246万人，货物发送量完成34806万吨。

今后，沈阳铁路局坚持“全品类开发、全流程服务、全方位经营、全过程管理”的总基调，以“全路现代物流建设现场会精神”为指针，按照中国铁路总公司党组的统一部署，全面深化货运组织改革，大力推动企业战略发展，继续把“95306”大宗货物交易平台做强，把全程物流总包、东北货物快运列车、沈铁红运集装箱班列、公（海）铁多式联运做优，把多元产业做实，在精细化管理上下功夫，在提高干部职工素质上做文章，创新驱动，务实发展。

在经济建设新时期，沈阳铁路局始终牢记“服务是铁路本质属性”，努力践行“让人民群众满意”这一承诺，千方百计提高物流服务水平，全力服务地方经济发展，为全面实现小康社会做出更大贡献。

联系地址：辽宁省沈阳市和平区太原北街4号 邮政编码：110001 联系电话：024-62023352

在上海区域形成“N+1+1+N”的化工品物流模式的基础上，积极打造境外融资平台；凭借海关AA类管理企业、出入境检验检疫信用管理AA级企业等资质，在西安国际港务区打造进出口贸易综合服务平台，在陕北地区率先建成公用型保税库；在西安浐灞地区按照“轻资产、重效益”的原则，形成大宗物资“交易+仓储”业务合作模式；借鉴苏宁和国美商业模式，在西安、彬长、神南、黄陵、榆林原有的大型仓储服务和金属、化工交易市场基础上，建设区域社会物流中心，逐步开发电子交易金融服务、配送服务、第三方物流服务。形成了立足三秦，覆盖全国的物流服务产业链和以铁路专用线为依托，公路线纵横辐射的物流服务枢纽，物流业务从煤炭、化工逐步扩展到钢铁、电力、装备制造、铁路、建材等供应市场，2014年实现销售收入297亿元。

按照“集团化、社会化、国际化”三步走的发展战略，物资集团秉承“一切为了发展，一切为了员工”的企业宗旨和“务实、尽责、诚信、合作”的企业精神，创新管理，创新商业模式，突出能源化工产业供应物流的服务特色，积极拓展供应链和物流服务市场，以物流基地建设、优化提升第三方物流和物流增值服务为依托，着力打造本质廉洁型国际化现代物流服务一体化企业集团，大手笔绘就发展蓝图、大跨越实现物流腾飞。

地址：陕西省西安市雁塔区锦业一路2号陕煤化大厦　电话：029-81772179　www.shccmg.com

* 中国AAAAA级综合服务型物流企业
* 中国AAA级信用物流企业
* 中国物流产学研基地
* 北京市重点总部企业
* 中国质押监管优秀企业
* 2014年度全国先进物流企业
* 2014年度中国物流50强企业
www.crml.com.cn
地址：北京市西城区南滨河路乙25号

毅德控股，专注于中国新型城镇化的建设，已于2013年10月31日在香港联合交易所主板正式挂牌上市（股票代码：01396.HK）。目前，形成现代化商贸物流中心、BLOCK综合体、商贸物流运营、毅德O2O四大业务板块。

基于国际化视野下的创新与对中国新型城镇化的实践和思考，毅德控股开创“CTD中央交易区”现代化商贸物流新模式，形成集商品交易、仓储物流、国际会展、商务办公、总部经济、金融服务、电子商务、大数据、生活娱乐等功能于一体的集约化、规模化新模式。至今已完成中国各个核心经济带的战略部署，辐射面积达到了国土面积的一半以上。

毅德控股先进的商业模式、企业品牌和发展潜力得到了国际资本市场的认可，未来将携手更多的国际资源，加速全国战略布局，为中国商贸物流领域再创辉煌。

基于电子商务的商贸市场交易规模增长迅猛，传统物流发展滞缓，立足数十年的市场经验，毅德国际物流应运而生，致力于打造卓越的物流集聚平台和电商服务平台，从开发建设功能完备的大型物流园到提供集电商供应链、仓储配送、货物运输、信息交易、车辆调度于一体全方位、智能化、自动化的电商物流服务，为大市场、大产业、大数据提供物流基础设施支撑，注入电商物流基因，成为中国领先的综合电商物流平台开发运营商。

全国战略布局，智能云端创新联接电商平台与物流平台

毅德电商物流平台的开发建设按全国性物流节点进行战略布局，通过智能化云端无缝对接技术，创新电商平台与物流平台的联接方式，旨在形成点、线、面覆盖全国的立体交通物流网络体系，实现全国性多区域的物流协同作业。

七大功能融合打通产业链

毅德电商物流平台的开发建设融合七大电商物流功能：电商供应链中心、信息交易中心、仓储配送中心、货物集散中心、车辆调度中心、行政金融服务中心和配套服务中心，引入自动化、智能化的运营模式，集聚电商资源和物流资源，打通产业链上、中、下游，全面降低物流成本。

产业定位

园区充分发挥资源禀赋，依托积累的比较优势，坚持走差异化发展路线，着力打造特色园区，确立了以现代物流为主，以都市工业和商贸流通业为辅，按“一体两翼”的空间布局和“一主两辅”的产业布局，构建“大物流、大商贸、大外贸”的产业格局，扎实推进“两中心一窗口一新城”建设，全面建设国家级现代物流园区。

未来发展设想

未来，园区重点推进“两中心一窗口一新城”建设。一是建设中部地区功能齐全的物流中心。园区逐步形成了水、陆、空、铁、管“五元化”交通运输体系。其中，长沙新港规划建设千吨级泊位14个，年货物吞吐量700万吨；长沙铁路货运新北站年货物吞吐量500万吨，远期将达2000万吨；中石化湖南油品分销中心年油品输送量500万吨，是西气东输的过境要道；传化智能公路港已入驻园区，将打造集信息交易、零担快运、物流仓储、配套服务、智能车源等功能于一体的3.0版“智能公路港”，解决物流“最后一公里”问题，奠定了园区引领三湘物流的坚实基础和影响中部物流的领先地位。

二是建设中部地区最具竞争力的商贸集散中心。目前，园区形成了以现代物流为基础，商贸市场为主体，跨境电商为亮点的产业发展体系，重点打造全国商贸物流产业生态圈，成功引进香江集团、传化物流、阿里巴巴、普洛斯、前海金融5大战略企业，形成了集市场、电商、仓储、配送、金融于一体的商贸物流产业生态圈；重点建设“湖南首家金霞保税店”，支持嘉德集团按照“前店后仓”的模式建设保税店，实现商品连通境内境外，全面推行O2O经营模式，极大丰富市民消费需求，实现湖南与世界的商品零距离。

三是建设湖南对外贸易的综合大窗口。长沙新港开通了至上海港的“五定班轮”，长沙铁路货运新北站开通了至深圳的“五定班列”，大幅降低了装卸时间和运输时间，降低了外贸企业的物流成本；同时新北站开通至德国杜伊斯堡、俄罗斯莫斯科、乌兹别克斯坦塔什干的湘欧国际货运专列，打造了湖南省铁路“无水港”，进出口货物实现在长沙一次报关、一次查验、一次放行，提高了通关效率，降低了物流成本；保税中心报关数、总货值和保税货值实现了跨越式增长，园区逐步形成了水、陆、空立体化开放型经济发展的大通道，成为湖南发展开放型经济的重要窗口。

四是建设产城融合的“两型”示范新城。园区将全面推行“两型化”管理的提标提档行动，按照产城融合理念，守牢生态环境底线，完善城市基础设施配套，保护性开发滨江浅山的自然生态资源，丰富城市元素，建设产业特色鲜明、生态自然优美、文化底蕴深厚、政务文明高效的宜居、宜业、宜商、宜学、宜游的“两型”示范新城。

专注合约物流·打造贴心服务

荣庆物流作为国内百强冷链物流企业之一，以严谨科学的操作流程，全程导航、跟踪、车厢温度实时动态监控，向客户交付完整的“冷链物流解决方案”，致力于打造“中国冷链物流第一品牌”。

仓　　储：全国拥有总计近40万平方米普货、冷库、化工仓储资源，为客户提供批量、零散仓储服务。

车　　辆：全国自有车辆1300余台，社会车辆资源9200余台，可满足普货、冷链、化工特需物流需求。

运输配送：提供全国干线、支线公路整车和北京、上海、广州、青岛、苏州、武汉、成都等城市相互间定日达和经济运输服务，提供可服务城市的市内配送。

增值服务：可提供货到付款、签单返回、货物暂存、市内配送等增值服务。

Rokin 荣庆物流

企业简介

公司于1985年创立，总部设于中国上海，2007年携手今日资本、pamoja集团，注册成立合资公司，注册资金5亿元。2008年通过ISO 9001国际质量管理体系认证。是一家集冷链、普货、化工为业务核心的国家“AAAAA”级物流企业，提供全国公路运输、配送、仓储于一体的供应链服务。公司先后被授予“中国物流百强企业”、“《食品冷链物流追溯管理要求》GB/T 28843国家标准试点企业”、“《药品冷链物流运作规范》GB/T 28842—2012国家标准试点企业”、“中国冷链物流百强企业第一名”、“中国冷链十佳综合物流服务商”等荣誉称号。

递送绿色 共享健康

Rokin 荣庆冷链

400·000·5656 www.rokin.cn

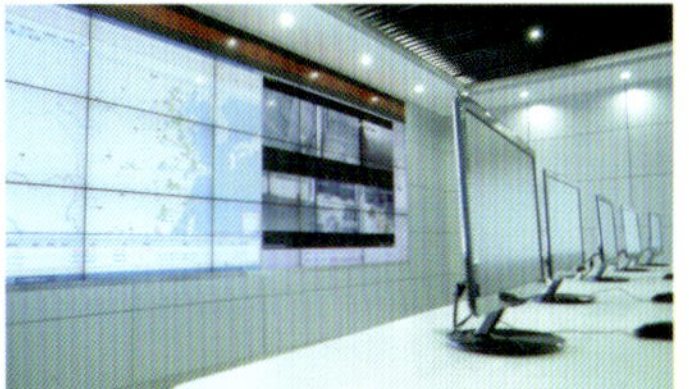

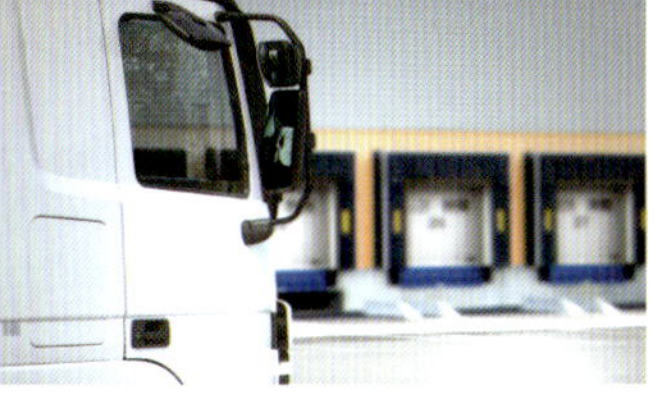

成为品质卓越的
智慧型物流领导企业

北京福田智科物流有限公司成立于2002年5月，位于北京市海淀区，注册资本8000万元，员工2200余人，年营业额近20亿元。公司以北京为管理中心，分别在北京、山东、湖南、广东等地设立8个分公司，并下设50余个业务部，运营网络遍布全国。

公司自成立以来，始终坚持管理、机制、科技创新，形成了整车物流、生产物流、零部件物流、国际物流为核心的四大业务格局，已发展成为国内领先的物流企业。

公司先后通过了国际质量管理体系ISO 9001、环境管理体系ISO 14001、职业健康安全体系OHSAS18001认证，并先后被评为“中国汽车物流行业十大影响力品牌”，连续6年蝉联“全国先进物流企业”、“中国物流百强企业”，被行业授予“中国物流文化建设示范基地”、“汽车物流行业特别突出贡献企业”、“中国物流社会责任贡献奖”、“汽车物流行业创新奖”等荣誉称号70余项。2014年，公司荣升国家“5A级综合服务型物流企业”。

高效联通，成就价值。公司以“专业、睿智、真诚、可信赖”的品牌个性，实现“智领科技、信赖服务、卓越效益”的品牌价值，通过管理与技术的持续创新，到2020年，公司经营规模实现突破，成为品质卓越的智慧型物流领导企业。

北京长久物流股份有限公司，在汽车物流行业有二十多年的服务经验。公司涵盖汽车供应链中的整车物流、零部件物流、进出口物流及物流增值服务等业务，为大众、奔驰、宝马、丰田、福特、马自达、日产、一汽集团、东风集团、长安汽车、北汽集团、广汽集团、奇瑞汽车等全球大型汽车集团及旗下企业提供专业的物流服务。同时长久物流也提供跨欧亚国际铁路多式联运和海铁联运服务，正式进入大众集团全球供应商体系。长久物流出众的汽车物流服务能力，得到了客户乃至行业的高度认可。被中国物流与采购联合会评为5A级物流企业；并荣获“汽车物流创新奖”，“汽车零部件物流KPI标杆企业”，“中国物流社会责任贡献奖”等多项殊荣。公司已经通过ISO 9001：2000标准质量管理体系认证和ISO 14001：2004环境管理体系认证，建立了系统的质量和环境管理保障体系。2008年长久物流中标“奥运火炬传递”核心车辆承运项目，成为北京奥运火炬传递全程物流服务唯一指定承运商。

长久，由汽车物流而生，因中国汽车产业发展而繁荣，目前已经发展成为国内规模最大的独立于汽车制造企业的第三方汽车物流企业之一。

行天下长久远

长久物流合作伙伴

地址：北京市朝阳区东三环北路霞光里18号佳程广场B座7层
电话：010-57355999 传真：010-57355800
网址：www.changjiulogistics.com

公司简介

广州市商业储运公司始创于1953年，隶属于广州百货企业集团有限公司，是国家最早认定的“发展商品物流配送重点企业”之一，是国家4A级物流企业、广东省现代物流龙头企业、广东省诚信示范企业。目前公司净资产约10亿元，经营规模15.8亿元。现下属拥有10家子公司和8家分支机构，员工总人数近800人；拥有各类现代化仓库面积约50万平方米，包括高储位货架仓、恒温仓、保税仓和第三方监管仓等，拥有连接京广的铁路专用线，自有营运车辆超过260台，可调配社会车辆超过1000台；在广州及珠三角设立了多个大型物流运作网点，构建了以广州为中心，以珠三角为依托，辐射华南面向全国的物流运作网络。

公司着眼于科学发展，关注“供应链、电商、金融”三方面能力的建设，率先在行业内应用物联网技术向客户提供供应链一体化服务，形成涵盖现代仓储、运输配送、采购分销、电商物流、国际货代、保税物流、供应链金融等内容的服务项目。为制造业、商贸业以及新兴的电子商务型企业提供专业服务，成功为国内外多家知名品牌企业提供全方位、多层面、高效能的一体化服务，持续为员工创造幸福，为客户创造价值，为社会创造财富。

发展定位：华南地区领先的供应链服务提供商

经营理念：整合资源　创造价值　互利共赢

发展重点：提高效率　降低成本　保证质量　确保安全

所获荣誉：国家AAAA级物流企业
广东省现代服务业重点联系单位
广州市城市配送试点企业等

行业地位：广东省流通业（物流）龙头企业

经营规模：资产规模和经济效益在全国商业储运行业名列前茅
仓储拥有量在全国仓储协会公布的2013年仓储企业排名中位列第7位

公司经营网点

（一）东部物流基地

位于制造业发达及口岸众多的广州东部地区，各物流园区设备设施先进，应用先进物流及物联网技术，承接与制造业客户密切联动的现代仓储、JIT 服务、口岸物流、保税物流、冷链物流、城市配送以及电商区域分拨中心等综合物流业务。

广百骏盈现代物流园　广百物流东部基地　东江基地　保税基地

（二）北部物流基地

所在区域交通条件优越，发挥空港、铁路货站、公路主枢纽网络体系组成的现代化物流运输平台作用，集聚现代仓库群，成为东南亚、中东、非洲客商中国采购集聚的物流中心，同时为多家知名制造企业、零售连锁企业提供储存、区域配送及运输服务，形成多元化的物流基地战略布局。

广百物流人和基地　北站基地　大朗基地　石马基地

（三）西部物流基地

地处广佛都市圈中心地带，邻近佛山市各大工业区，面向广佛及全省提供区域配储分拨服务。

广佛物流中心

（四）运输配送

服务于商品交易市场，发展零售终端配送和城际配送业务，树立区域领先的城市配送和城际配送标杆；为制造业企业提供从原料供应 JIT 运输、工厂到区域配送中心的运输及销售终端的配送服务。

（五）供应链金融与采购分销

通过管控供应链物流货权，为客户提升资本运用效率，达到供应链“共赢”的目标。

金融机构

委托监管　授信融资

星骏贸易

物流公司　融资企业

物流监督

（六）国际名酒智慧供应链

与战略合作伙伴张裕集团有限公司携手打造，严格管控每瓶进口葡萄酒的报关、运输、仓储、销售等各环节，创建最具公信力的酒业运营与服务平台，向消费者和顾客提供高品质的酒业服务，为广大消费者提供上佳品位的国际臻酿。

广百酒业有限公司

（七）“星之光”系列专业市场

“星之光”系列品牌专业市场熠熠生辉，商业物业蓬勃发展，开创“物流 + 地产”新模式。

星之光文体用品市场　星之光电器城　星之光机电轴承市场

公司地址：广东省广州市越秀区沿江东路406号港口中心五楼、十楼

公司网址：www.gbscm.cc

业务咨询：020-83051726、83051401

重庆长安民生物流股份有限公司是一家第三方汽车物流服务商及综合物流服务商。公司成立于2001年8月，注册资本1.62亿元，2006年2月在香港联交所创业板上市，2013年7月，成功由创业板转主板交易，主板股票代码为01292。主要发起股东为重庆长安工业（集团）有限责任公司、民生实业（集团）有限公司、新加坡美集物流有限公司。

公司已同国内外近千家汽车制造商、原材料供应商及零部件供应商建立了长期合作关系，为客户提供全方位的供应链物流一体化服务，具备强大的物流综合服务能力。公司在全国先后设立了14个分公司、2个办事处、6家全资子公司、5家合资公司；拥有员工8000余人。

展望未来，公司将继续致力于为客户提供专业的物流规划设计、物流信息化建设及供应链物流一体化服务，力争成为中国物流行业的领先者。

包装物流服务

国际物流服务

整车物流

云南能投物流有限责任公司

YUNNAN ENERGY INVESTMENT LOGISTICS CO.,LTD.

云南能投物流有限责任公司（以下简称“公司”）成立于2012年7月，是云南省能源投资集团（以下简称“集团”）的二级子公司。公司以“和谐、担当、务实、创新”为核心价值观，始终坚持“诚信、责任、专业、服务”的经营理念，在国家“一带一路”战略指引下，积极参与到面向南亚、东南亚的云南“辐射中心”建设中，为推动云南经济社会全面协调可持续发展而不断努力。

公司现注册资本一亿元，主要以承接集团内各项目公司的大型通用物资采购、运输、物流方案设计、钢材贸易、物资供销、货运代理、搬运装卸、仓储加工、货运信息配载、国内贸易、货物及技术进出口等为主要业务，是集团公司大型通用物资的采购及加工配送平台，负责集团物资供应管理，统一对集团投资项目建设、生产等大宗物资采购计划进行招标和对外合同签订，并实施集中采购、加工、配送等相关配套服务。

经过三年的发展，公司在管理、业务发展及企业文化建设等方面都取得了很大的进步：管理方面，公司以董事会领导下的总经理负责制为基本运作模式，建立并完善了公司的组织架构和较为完善的现代企业管理体系，并逐步形成了自身的企业文化；业务方面，公司本着“诚信，责任，专业，服务”的经营理念，与多家大型国有企业达成合作共识，形成上下游一体化的供应链；在上游资源开发方面，我公司与武钢集团昆钢公司、玉昆钢铁、德胜钢铁等省内企业建立了全产业链的贸易伙伴关系，以及攀钢、舞钢、湘钢、宝钢、新余钢铁、资阳钢管、衡阳钢管等全国知名企业建立了长期战略合作伙伴关系，实现了全国范围内优质资源整合。下游客户开发方面，我司秉承“立足云南，覆盖西南，辐射全国，搭船出海”的市场开发战略，先后与中铁二局、中铁五局、中铁六局、中铁八局、中铁十一局、中铁十二局、中铁十六局、中铁十八局、中铁二十一局、中铁大桥局、中铁隧道局等中国中铁、中国铁建施工企业及其旗下中铁物资集团、中铁物贸公司；中建三局、中建五局、中建八局等中国建设集团旗下施工企业；中交二航局、中交四航局等中国交通施工企业；中水四局、中水八局、中水十局、中水十四局等中国电建集团施工企业；华能、华电、华润、大唐电力等中国电力投资企业；云南建工、云南城投、云南公投等省内大型国有企业均签订了长期战略合作协议，并根据公司“打通东南亚、面向全世界”的海外发展战略，先后与老挝、越南、缅甸、印尼等国家建立了友好贸易关系。

为使国家“一带一路”政策转化为社会效益，服务好合作单位，我司分别在深圳前海、中国香港、新加坡、老挝成立了分子公司及在全国十余省市成立了项目公司，充分体现了我司的合作诚意和服务优势。2012年度公司年销售收入25亿元，2013年突破86亿元，2014年突破176亿元，至2015年公司年销售收入预计突破200亿元。

在集团的大力支持下，公司紧紧围绕集团“一二三四五”的战略规划和“四高四化”战略路径，依托云南省建设“辐射中心”的政策优势，在发展中逐步形成了自身的内外两大优势：内在优势上，公司的业务板块日渐成熟，形成了配套的软硬设备；资产规模迅速扩大，公司实力不断增强；物流业务体系逐渐完善，在集团的专业职能日益强化，集团内大宗物资采购平台、管理架构渐趋成型，相关管理制度不断优化。外部优势上，公司得到了部分央企及大型国有企业的大力支持，开发了大批具有高等级资质的上游资源及下游客户；公司品牌初步形成，影响力和美誉度不断提升，发展优势逐步显现。

聚贤汇能 投创未来

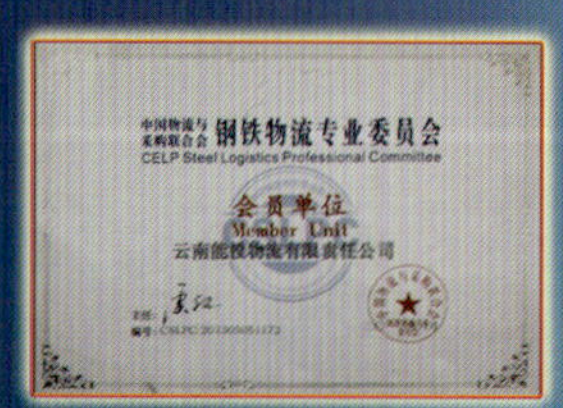

展望未来能投物流将全面贯彻集团发展指导思想，提升企业活力推动集团国企改革，争创集团产业链延伸的标杆企业，以“四高四化”、“五个平台”指导物流公司发展，通过优化产业链运作模式，搭建跨境电商平台，打造“体制机制创新能力、产业运作能力和资本运作能力”核心竞争力，推动“物流平台、贸易平台、金融平台、服务平台、信息平台”五个平台建设，以务实、诚信、创新引导企业打造智慧物流平台营运商，推动集团内部集采平台建设、产业链延伸和国际化战略发展，以产融服贸创一体化创造云南乃至全国的行业标杆，推动云南及国际物流行业的发展，实现2020年度主营业务收入过550亿的发展目标，为能投集团的全面发展及云南省建设面向南亚东南亚的“辐射中心”和经济社会发展做出积极的贡献。

地址：云南省昆明市西山区日新中路616号
云南能投集团集控综合楼
电话：0871-64980011

YEIG

www.cnyeig.com

随着国家“一带一路”战略的推动，南光物流在新一轮的发展规划制定“根植澳门、联动内地、做强主业”的发展战略，积极探索通过“中国与葡语系国家商贸合作服务平台、世界旅游休闲中心、粤澳经济合作、澳门与东盟经贸合作、互联互通基础设施建设和国资国企合作”等路径融入“一带一路”战略，通过在资源整合型的供应链物流、冷链物流、保税物流以及第三方物流等领域的研究探索，充分用好粤澳经济合作、自贸区和CEPA等政策机遇，加快“进军内地”的步伐，主动融入区域经济发展，构建城市采购与配送物流体系与运营平台，构建粤澳跨境综合物流及产业链延伸服务平台，发挥中葡经贸合作平台、中国-东盟经贸合作平台、国企平台和世界旅游休闲中心作用，力争打造成为粤澳跨区域最具竞争力、最有实力的综合物流服务商。
南光物流有限公司
诚意邀请业界合作
实现我们之间的共同理想和双赢目的
www.namkwonglog.com
地址：澳门罗理基博士大马路南光大厦十四字楼

安能，无限可能

安能迎着21世纪的曙光，在上海扬帆启航，走向全国。
从2010年的第1家网点，到今天的5000多家网点。
安能通过加盟的方式，吸引用户，壮大平台，引领物流业新生态。
星星之火，可以燎原，这就是安能对品牌价值新的追求与探索——安能，无限可能！

五年来，安能从没有停止前进的脚步

2010年，安能成立之初，在上海注册了安能，6月1日，安能正式成立；50名员工，4条营运班车线路，做起了物流。
2011年，安能1周年之际，车线拓展到20条、员工增至200多名和加盟网点达到50家。
2012年，安能成立2周年，车线拓展到50条、员工增至500多名，同时，加盟网点达到120家。
2013年，安能成立3周年，车线拓展到120条、员工增至800名、加盟网点达到400多家。
2014年，安能成立4周年，车线拓展到近400条、员工增至3000多名和加盟网点达到1500多家。
2015年，安能诞生5周年之际，我们拥有1000多条运营班车线路、员工增至8000多名和加盟网点达到5000多家。

[荣誉]

- 安能荣获2012年上海现代物流高峰论坛“重点推荐企业奖”
- 安能集团总裁秦兴华荣获“2013年度中国新锐创业家奖”
- 安能荣获“2012—2013年度中国电商物流大奖”
- 安能荣获“2013年中国海峡两岸十大最具成长性物流企业”
- 安能荣获“2013年度运输过程透明管理标杆企业奖章”
- 安能荣获“2014年度华人企业领袖最佳颠覆奖”
- 安能荣获“2015年上海最具发展潜力新服务企业50强”物流业第一名

五年，成长

安能经过5年努力，企业规模迅速扩大，配送网络基本覆盖全国。目前已在全国建立130多个分拨中心，拥有8000多名员工和5000多家网点，服务于全国31个省市、1000多个市县（区），全国网络覆盖率98%。预计2015年年底，安能全网网点数将突破10000家，员工将达到15000名，分拨将达到157个，致力成为中国最大的快运物流互联网络创业平台。

依靠全体安能人的艰苦创业和奋斗，安能在网络覆盖、运营能力、市场占有率、信息化水平、服务质量等方面都已走在了行业的前列；这标志着我们在经过一系列行之有效的市场激励与开发中摸索出了一条适合安能发展的道路，同时现代化管理体制基本形成。安能正向着规模化、制度化、信息化、标准化的新型企业发展模式迈进。

天降重任，此生无悔！共同的事业把我们安能人紧密相连，共同的梦想让我们安能人携手并进！共同迈向中国物流的“红色年代”，共创中国梦、共创物流梦、共创安能梦！

2015年7月22日，安能，全新品牌形象华丽亮相，新的形象，新的开始。所有安能人怀抱理想，砥砺前行。安能8000多名员工和5000多家创业加盟网点团结在各自的岗位，迎着科学发展观的旋律，向着“颠覆、引领、共生”的企业发展理念，从上海扬帆启航，走向全中国——安能，无限可能！

品牌订阅号　　业务订阅号

安能　无限可能

地址：上海市青浦区徐泾镇华徐公路999号e通世界北区B座8层

官网：www.ane56.com

全国统一服务电话：40010-40088

FedEx
Express
客户远近不同，如何转瞬即达？
亚洲、欧洲，同样触手可及。我们的强大网络覆盖超过
220个国家及地区，无论您要把货件托运到亚洲地区
还是地球另一端，我们都能为您全力送达。
更多详情请登录 fedex.com/cn/reach。
联邦快递　物流智道
国际快递：800.988.1888
国内服务：400.889.1888
泰康食品
东方商厦
茂昌眼镜公司
培罗蒙
创建于1942年
SHANGHAI BEDROOM ARTICLES CO., LTD
FedEx

23

OYM 奥玛物流仓储联盟

您的专业物流服务合作伙伴

至诚无息 博厚悠远

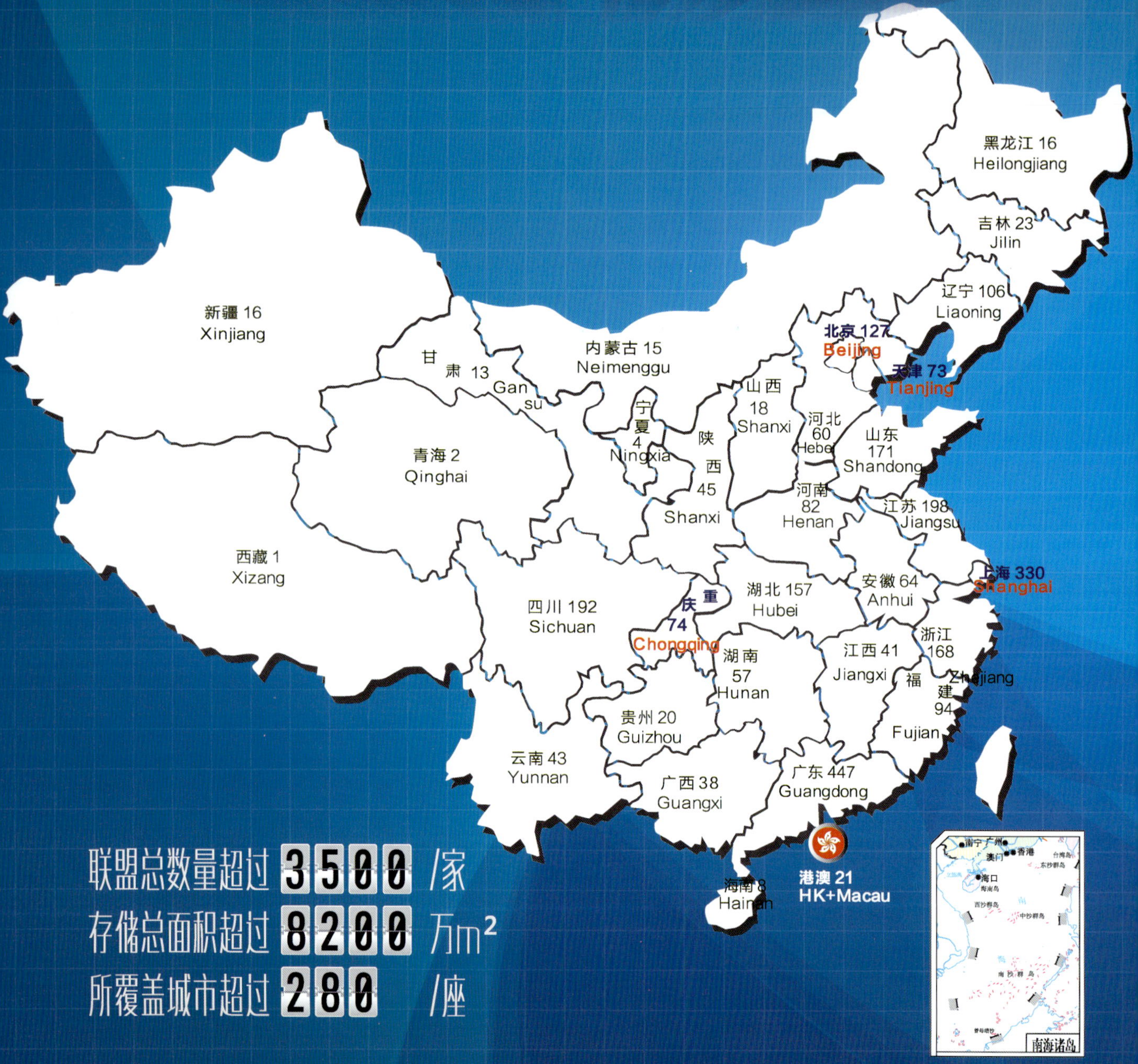

联盟总数量超过 3500 /家

存储总面积超过 8200 万m²

所覆盖城市超过 280 /座

www.oym56LM.com

电邮：cs@oym56LM.com

星沙物流董事长尹国杰先生，高级物流师，全国物流行业劳动模范，湖南省十大杰出经济人物、中国物流与采购联合会常务理事，湖南省物流与采购联合会执行会长，湖南省物流专家委员会副主任委员，湖南省物流标准化委员会副主任委员，湖南省商务厅商务专家咨询委员会委员，湖南星沙农村商业银行董事，湖南工商界百位诚信人物，中南林业科技大学兼职教授，湖南商学院客座教授，任《湖南省现代物流发展研究报告》主编。

星沙物流成立于1999年，注册资金1亿元，是一家现代化物流企业。经营范围：物流基础设施投资与运营、物流金融服务、三方物流服务等。下属企业有湖南省星沙物流储运有限公司、广州星沙物流有限公司、邵东星沙物流股份有限公司、湖南广发隆平高科技园创业服务有限公司、长沙广发隆平标准厂房开发有限公司，参股湖南星沙农村商业银行。

星沙物流2005年通过了ISO 9001国家质量体系认证，根据国家标准委员会颁布的物流企业分类标准（GB/T 19860—2005），被中国物流与采购联合会评定为综合类AAAAA级物流企业，2013年、2014年连续被评定为“中国物流企业50强”，公司获“湖南省十大商贸物流领军企业”等称号，多次被评为湖南省“重合同守信用”单位和诚信经营示范企业，“星沙物流”注册商标被国家工商总局商标局评定为中国驰名商标。

2015年，星沙物流启动了“广发隆平创新创业产业园”项目，该项目位于湖南长沙芙蓉区国家级开发区隆平高科技园内，被列为湖南省创新创业“135”工程；该项目占地106亩，共建19层办公楼四栋，8层标准工业厂房8栋，总建筑面积达28万多平方米。

在物流金融产品的开发和服务方面，星沙物流根据现代物流供应链的特点，于2003年推出了物流金融服务产品，通过将商品等价物转化成金融等价物的原则，采用动产质押、动产抵押等模式，对质押物、抵押物实施自有库监管和输出监管，从而盘活了中小企业流动资产，突破了中小企业融资难的瓶颈，拓展了银行的信贷业务、降低了信贷风险，星沙物流已与工商银行、中国银行、交通银行、长沙银行、华融湘江银行、湖南星沙农村商业银行等10多家金融机构开展该项业务合作，目前，该业务已覆盖全省14个市、州，累计为300多家中小企业解决了融资难题，融资额达60多亿元。

在三方物流服务方面，星沙物流为企业提供整体物流外包服务、国际物流服务、多式联运服务、物流配送服务。星沙物流开展物流业与制造业的联动发展，并被国家发改委列为全国“两业联动”示范单位。经过多年的经营和拓展，星沙物流开辟了物流运输专线200多条，拥有运输车辆600多台，开设物流网点300多个，网点覆盖全国各省、自治区、直辖市，并为九芝堂、三一重工、中联重科、山河智能、华天铝业、恒天九五、荣诚鞋业、云厨电商等多家知名企业提供三方物流服务和配送服务。

未来，星沙物流将以物流基础设施投资为主导、以物流金融服务为核心、以三方物流服务为支撑，做大、做强、做亮星沙物流品牌，引领湖南物流产业，促进区域经济协调发展，切实为湖南经济结构调整、产业升级转型、商贸流通畅达贡献力量。

香港咨询处：
香港九龙尖沙咀广东道15号港威大厦永明金融大楼22楼2205-07室
Suites 2205–07, 22/F Sunlife Tower, The Gateway, 15 Canton Road, TST, HK
电话 Tel:852-3188 3118 传真 Fax:852-3188 1323

集团总部地址：
中国深圳市龙岗区平湖华南大道一号（邮编：518111）
No.1 Hua Nan Main Road, Pinghu, Longgang District, Shenzhen, PRC
电话 Tel:86-755-6126 8888 传真 Fax:86-755-6126 6605

深圳•华南城

规划总建筑面积260万平方米
计划总投资额80亿元人民币

南宁•华南城

规划总建筑面积488万平方米
计划总投资额120亿元人民币

南昌•华南城

规划总建筑面积428万平方米
计划总投资额100亿元人民币

西安•华南城

规划总建筑面积1750万平方米
计划总投资额200亿元人民币

哈尔滨•华南城

规划总建筑面积1200万平方米
计划总投资额200亿元人民币

郑州•华南城

规划总建筑面积1200万平方米
计划总投资额200亿元人民币

合肥•华南城

规划总建筑面积1200万平方米
计划总投资额200亿元人民币

重庆•华南城

规划总建筑面积1350万平方米
计划总投资额200亿元人民币

行业领先的
园区开发商和运营商

宝湾物流控股有限公司（简称“宝湾物流”）是深圳赤湾石油基地股份有限公司旗下的高端物流品牌和投资平台。随着多年来的发展，宝湾物流已成为行业领先的国际物流园区开发商和运营商，在全国 22 个经济热点城市投资并运营 31 个高端化、现代化物流园区，高端物流仓储设施达到 208 万平方米，已签约仓储设施面积约 168 万平方米，形成了覆盖主要物流枢纽和城市配送中心等战略节点的高效物流网络。宝湾物流竭诚为来自国内外优秀的第三方物流提供商、制造商、零售商、运输公司和电子商务企业提供高效、优质、安全的物流设施服务、运输配送服务和多样化的增值服务，帮助客户降低物流成本、有效提高物流运作效率。

服务优势

* 全方位覆盖环渤海经济区、长江三角洲经济区和珠江三角洲经济区；
* 连接全国主要铁路、公路、海港、空港、电子商务中心的战略物流网络；
* 经验丰富、业绩出色的物流设施开发建设和运营管理团队；
* 为客户提供高品质、高附加值的全方位物流解决方案；
* 卓越的市场品牌及良好的市场声誉，赢得各地政府的信赖和支持。

服务类型

标准设施开发：宝湾物流选择主要物流枢纽和城市配送中心等战略节点城市，规划建造符合国际高标准的通用型物流仓储中心。

定制仓储设施：宝湾物流通过自有的、专业的物流设施规划和项目开拓团队，根据客户的个性化需求，为客户选择合适的地点专业规划、开发定制、建设与管理客户专用的仓储物流园区。

多元化增值服务

物流核心业务：以宝湾仓储物流园区为中心的干线运输与城市配送。

物流租赁业务：物业租赁（仓库、办公楼、宿舍楼等），设备租赁（叉车、托盘、货架、拖车等）。

供应链延伸业务：库存管理（库存信息查询、缺货预警、供应商管理库存等），仓储操作（进出库装卸、理货、搬运等）。

物流增值业务：分拣、分拆、贴标签、流通加工、包装、组装等。

宝湾物流
BLOGIS

电话：0755-26694210　传真：0755-26694227　网址：www.blogis.com.cn

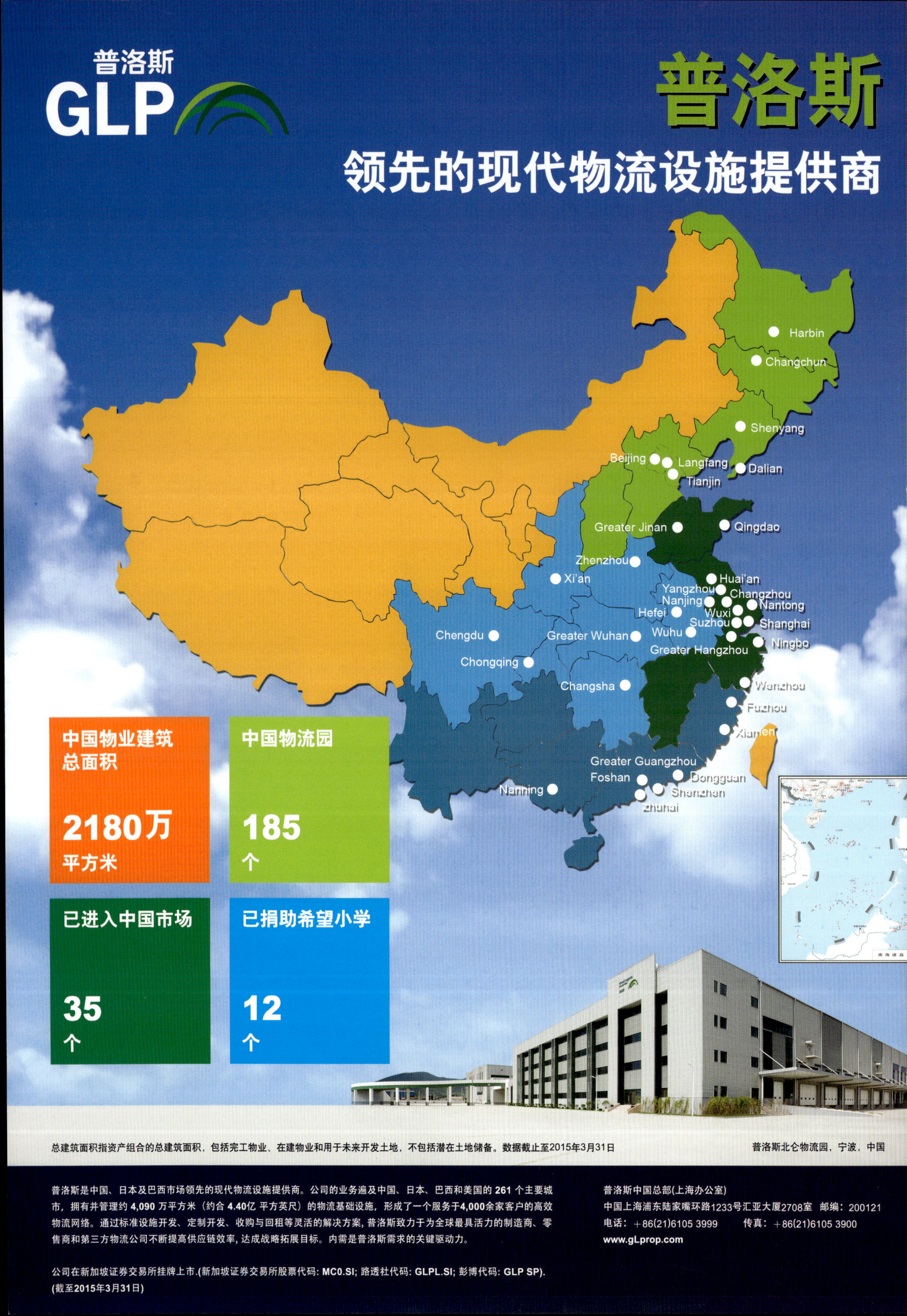
普洛斯
GLP
普洛斯
领先的现代物流设施提供商
Harbin
Changchun
Shenyang
Beijing
Langfang
Tianjin
Dalian
Greater Jinan
Qingdao
Zhenzhou
Xi'an
Huai'an
Yangzhou
Changzhou
Nanjing
Nantong
Hefei
Wuxi
Suzhou
Shanghai
Chengdu
Greater Wuhan
Wuhu
Ningbo
Greater Hangzhou
Chongqing
Changsha
Wenzhou
Fuzhou
Xiamen
Greater Guangzhou
Foshan
Dongguan
Nanning
Shenzhen
Zhuhai
中国物业建筑总面积
2180万
平方米
中国物流园
185
个
已进入中国市场
35
个
已捐助希望小学
12
个
总建筑面积指资产组合的总建筑面积，包括完工物业、在建物业和用于未来开发土地，不包括潜在土地储备。数据截止至2015年3月31日
普洛斯北仑物流园，宁波，中国
普洛斯是中国、日本及巴西市场领先的现代物流设施提供商。公司的业务遍及中国、日本、巴西和美国的 261 个主要城市，拥有并管理约 4,090 万平方米（约合 4.40亿 平方英尺）的物流基础设施，形成了一个服务于4,000余家客户的高效物流网络。通过标准设施开发、定制开发、收购与回租等灵活的解决方案，普洛斯致力于为全球最具活力的制造商、零售商和第三方物流公司不断提高供应链效率，达成战略拓展目标。内需是普洛斯需求的关键驱动力。
公司在新加坡证券交易所挂牌上市.(新加坡证券交易所股票代码: MC0.SI; 路透社代码: GLPL.SI; 彭博代码: GLP SP).
(截至2015年3月31日)
普洛斯中国总部(上海办公室)
中国上海浦东陆家嘴环路1233号汇亚大厦2708室　邮编：200121
电话：+86(21)6105 3999　传真：+86(21)6105 3900
www.gLprop.com

山东晟绮港储国际物流有限公司

山东晟绮港储国际物流有限公司创建于1995年，是一家集团性的现代专业化国际物流供应商。20多年来，公司始终坚持以为客户创造价值为目标，紧跟国家经济发展的潮流，历经多个战略阶段，致力于物流模式的发展与创新，搭建起了强大的物流网络和服务平台，现已全面迈入网络化物流发展的新阶段。我公司主营业务包括国际货运代理，海关、商检业务，港口功能服务，保税物流业务，外贸综合服务平台，跨境电商，供应链金融，国际贸易，海内外营销策划等。公司业务总部位于青岛市香港中路，拥有一支实战经验丰富、专业能力强、现代化水平高的国际化物流团队，依托集团强大的硬件设施、先进的互联网信息系统以及覆盖全球80多个国家的合作伙伴网络，致力于向客户提供优质的一体化综合物流服务。

公司系国家“AAAAA”级物流企业，拥有国家交通运输部审批的“无船承运人”资质，中国物流与采购联合会“常务理事单位”，山东省国际货运代理协会“副会长单位”，山东省物流与采购行业“综合实力五十强企业”，“山东省服务业十佳物流园区”，青岛船东协会“4星4A诚信伙伴”。企业集团公司下辖：青岛凯航、青岛远航、上海宇歆、山东洲际硕远、山东晟绮贸易、鲁凯航等10多家分公司；其分公司鲁凯航是“全国优秀报关企业”。在日本、韩国、美国、加拿大、澳大利亚、德国、西班牙等地设有海外办事处；在青岛、上海、深圳、广州、郑州、乌鲁木齐、济南、临沂、胶州及潍坊各县市都设有分公司或直营业务部，并在香港、澳门、宁波、天津、连云港等沿海港口城市设有分支机构；同时拥有遍布东南亚、北美、欧洲、地中海、中南美、非洲等世界各地的海外代理网络。因此，集团公司能够向广大进出口生产和供应商提供一整套专业化的全球供应链管理、物流、贸易及金融解决方案，拥有完备的一站式网络服务和管理优势，在同行业中始终处于领先地位。

www.kai-hang.com

全国服务热线：4006-305398

联系电话：0536-2898899　传真：0536-2898678

中铁物资集团有限公司

中国铁建 CHINA RAILWAY MATERIAL GROUP Co.,LTD.

中铁物资集团有限公司（以下简称中铁物资集团）隶属于世界500强企业——中国铁建股份有限公司（以下简称中国铁建）。其前身是中国人民解放军铁道兵后勤部，1984年随铁道兵集体改工并入铁道部，1990年更名为中国铁道建筑总公司物资局，2003年3月建立现代企业制度，定名为中铁物资集团有限公司。中铁物资集团总部设在北京，下辖东北、华东、中南、西北、西南、华北、华南、港澳、海南等23个全资子公司、9个控股子公司以及4个参股子公司；在鞍山、包头、攀枝花、武汉、徐州等地设有70余个分支机构；拥有中国铁建在全国25个交通枢纽城市的31处大型仓储基地、133万平方米物流场地、4万余延长米铁路专用线、32550立方米成品油储存能力组成的物流网络的强大依托；是铁路建设项目部管物资代理公司和铁路建设用钢轨招标代理服务商，是国家发改委批准的成品油专项供应单位；主营铁路运输、建设所需的钢轨及配件、油料、火工品，大型基建项目所需钢材、水泥等相关物资贸易、工程物流、物资仓储、配送等业务。

中铁物资集团有着辉煌的历史。在解放战争、抗美援朝时期为建成“打不烂、炸不断的钢铁运输线”做出了卓越贡献。先后参与成昆、襄渝、鹰厦、大秦、宝中、侯月、兰新复线、京九、南昆、秦沈、西康、内昆、西合、渝怀铁路，京沪高铁、京石客专、武广客专、北京地铁、港珠澳大桥等国家重点工程的物资供应任务；直接或间接参与建设的新建铁路总里程累计55000余公里，占全国新建铁路的1/2强，为中国铁路事业的发展做出了积极贡献；广泛参与南水北调工程、西气东输、西电东送、北京2008 年奥运会、上海2010年世博会、广州2010年亚运会、港珠澳大桥等大型基础设施建设以及诸多地铁、轻轨、高速公路、港口、水利的物资供应和工程物流服务。

2003 年改制以来，中铁物资集团从“贸易+ 物流”到“物流贸易、加工制造、国际业务、资本运营、集采代理、电子商务”六大板块协同发展，开创了一条适合自身实际情况的科学发展道路。不断深化与中石油、中建材、河北钢铁等国内大型资源厂商的战略合作，巩固资源优势；与五矿、神华、山西煤销、湖南新天地集团和德国福斯罗、法国科吉富等企业合资合作，逐步向产业链上下游延伸，有效提升了企业在资源、加工等领域的影响力；创新“投资+贸易”商业模式，资本运营在南昌、成都、海南实现滚动发展，推动企业的转型升级，企业步入持续健康又好又快发展的新时期。先后荣获了“中央企业先进集体”、“工人先锋号”、“火车头奖杯”、“北京市和谐劳动关系单位”、“全国守合同重信用企业”、“中国诚信经营示范企业”、“全国用户满意企业”、“国家AAAAA级综合服务型物流企业”、“全国先进生产力优秀企业”、“中国物流杰出企业”、“中国物流创新奖”、“电子商务集成创新奖”、“全国建材流通行业先进集体”、“银行资信等级AAA级信用企业”、“全国首批物流AAA级信用企业”等称号；成为中国物流与采购联合会、中国铁道物资流通协会和中国建筑材料流通协会副会长级单位；取得中央投资项目招标代理甲级资质；位居全国最具竞争力的物流企业50 强第2位。目前，中铁物资集团已经发展成为中国铁路物资供应领域的领军企业之一，是国内大型铁路工程物流服务商和全国第二大铁路物资供应商，正朝着“全国最具影响力的综合性物流企业和供应链服务专家”的战略目标不断迈进。

中铁物资集团始终不渝地坚持“以人为本，与您共同发展”的企业经营理念，愿与社会各界朋友精诚合作，为促进行业发展、产业优化、社会和谐做出更大的贡献！

www.crmg.com.cn
地址：北京市海淀区西四环中路19号
电话：（010）51881000
传真：（010）51881081
邮编：100143

中国西部现代物流港

引领现代物流 打造国际平台

中国西部现代物流港以“服务成渝、辐射西部、贯通沿海，构建与国际接轨的综合服务型物流园区”为战略定位，形成以现代物流为纽带，现代商贸、高新技术加工制造等产业融合联动发展的现代服务业集聚区。经过7年的开发建设，园区建成区面积约12平方公里，入驻了包括3家世界500强企业和8家上市公司在内的重点项目98个，其中竣工运营项目47个，在建项目32个，吸引投资663亿元，完成投资314亿元（其中基础设施投资87亿元）。2014年，完成固定资产投资92.4亿元，同比增长14%；实现营业收入208亿元，同比增长89%；完成税收2.73亿元，同比增长44.4%。

目前，已成功创建全国流通领域现代物流示范城市、国家现代服务业物流产业化基地、中国物流示范基地、全国优秀物流园区4张国家级名片和四川省“51025”重点产业园区、四川省生产性服务业功能示范区、四川省新型工业化产业化示范基地、四川省电子商务示范基地、四川省开发区“十二五”规划培育发展地等5个省级品牌，被列为四川融入“一带一路”战略的重要平台，其中，东盟国际产业园被列为重点项目。

中国西部现代物流港坚持以物流为纽带，着力推进三次产业联动发展，全力争创国家级示范物流园区和申建国际陆港城市。现代物流业加速聚集。远成西部物流园、铁路物流园等大型龙头物流企业推进迅速，已整合70余家物流企业入驻，聚集效应明显。新材料加工制造业强劲发展。以东盟国际产业园、卓达新材料和安东陶粒为龙头的制造业发展迅速，引入了马来西亚马蒂集团、隆基马中集团、印尼金光集团等国际性企业入驻，东盟国际清真认证技术服务中心投入营运。现代商贸业日益繁荣。以健坤国际商贸城、西部汽车交易城为龙头的商贸业逐渐形成以高端建材家居、五金机电、汽车销售及后市场服务等为重点的一站式购物商圈。其中，健坤国际商贸城八大专业市场已全面开业营运，营业面积近80万平方米，入驻商家2500余户。电子商务强力推进。铁路物流园国际电子商务创业孵化园、跨境电商展示交易中心、西部大宗商品电商交易平台投入营运。远成电商孵化中心、远能达电商产业园正快速推进。

下一步，中国西部现代物流港将依托遂宁国际机场、遂宁海关监管区和公用型保税仓，提升口岸服务能力和开放水平，跨越式融入国际物流体系，对接“一带一路”国家战略，努力建设“大市场”、“大流通”的发展格局，尽快建设成为以物流为核心纽带的现代服务业集聚区，产城相融、绿色生态的宜居宜业宜商产业新城。

招商热线：0825-6801029
传真：0825-2710005
地址：四川省遂宁市船山区玫瑰大道中国西部现代物流港管委会

鞍钢汽车运输有限责任公司

鞍钢汽车运输有限责任公司坐落在美丽的"钢都"—鞍山，公司始建于1948年，前身为"鞍钢集团汽车公司"，2005年，按照国家主辅分离，辅业改制的有关规定，改制为股份制企业，成为自主经营、自负盈亏的法人实体和市场竞争主体。改制以来，企业适时转变经营观念，大力推行与市场经济相适应的管理体制、运行机制、经营方式等方面改革，以资本为纽带，成功引进了"营口港"、"鞍钢国贸"、"中海集运"等与物流产业密切相关的战略投资者，实现了投资主体多元化，为钢厂与港口、陆运与海运间物流业务的有效结合，搭建了一条完整的产业链条。其间，鞍钢汽运公司还以收购股权方式，整合了鞍钢内部部分运输实体，为实现运力资源优化配置，创造了有利条件。经过多年不懈地探索与实践，鞍钢汽运公司已发展成为以公路运输业为主，集物流策划、仓储配送、设备维修、物流商贸、汽车检测等相关服务功能为一体的综合性第三方物流企业。公司注册资本13660万元，现有各种运输设备及工程车辆1360台，载重吨位22700吨。2014年，公司完成运量5536万吨，周转量10.3亿吨公里，实现营业收入9.89亿元。

鞍钢汽运公司追求"以人为本、精细管理、持续改进　、追求卓越"的管理理念，按照现代法人治理要求，建立了集约化、专业化、规模化的管控模式，信息科技已全面应用到专业管理中，以客户满意为宗旨的服务体系日渐完善，经营领域和区域布局也趋于合理，主营业务现已覆盖东北、华北、华南等地区，而占地14万平方米新物流园区的投入运营，更将为公司打造业务辐射全国的物流配送体系奠定坚实基础。

未来，鞍钢汽运公司将以"建设国内一流现代物流企业"为目标，发扬"创新、求实、拼争、奉献"的企业精神，秉持"守法诚信、用户至上、安全高效、互利双赢"的经营理念，竭心尽力地为广大用户提供放心省心的优质物流服务。

鞍钢物流　放心省心

鞍钢汽车运输有限责任公司

AAAA 物流企业

CFLP

地址：辽宁省鞍山市铁东区和平路8号
电话：0412-6729663
www.agqygs.com

玖隆钢铁物流园

玖隆钢铁物流园位于江苏省张家港市，地处长三角经济带核心，由中国船舶工业集团公司控股51%，江苏沙钢集团控股49%。园区以建设绿色、便捷、智能、诚信、共赢的现代化钢铁物流园为目标，被列为江苏省“十二五”重点项目、江苏省物流业发展重点建设工程、省级示范物流园、省级重点物流基地，于2011年全面启动建设。

玖隆钢铁物流园计划投资约300亿元，规划占地面积5~6平方公里，分两期建设。目前，一期3200亩项目已基本建成。玖隆钢铁物流园坚持以“集聚优势、做优服务、创造价值、引领市场”为发展理念，紧紧围绕“发展钢铁大物流，建设钢铁大超市”的战略定位，立足华东、面向全国、融入国际，重点打造钢铁物流“信息中心、交易中心、结算中心、价格中心、加工中心”五大中心，全力建设辐射国内国际市场的“仓储配送、延伸加工、电子商务、保税物流、融资担保、综合服务”六大配套平台。同时，玖隆钢铁物流园正在国内外生产消费集聚区域布点，打造“一个中心、一片网络”的国际流通体系，通过5~10年的发展，可望形成年营业收入超2500亿元的现代化钢铁产业交易集聚区。

山东盖世国际物流集团

Shandong Gaishi International Logistics Group

铸盖世品牌 创百年基业

山东盖世国际物流集团位于山东省济南市，是一家以物流业为核心，涉足物流、商贸、房地产三大业态的大型综合型企业集团，1998年开始运营，经过16年发展，现已成为全国规模最大的综合性物流园区之一，集团资产总额100亿元，占地7000亩，拥有济南总部、盖世济北（济阳县）、盖世冠威（德州市齐河县）三个大型物流基地，目前整个园区入驻客户3000余家，其中国内外知名企业180家，被中国物流与采购联合会作为“商贸物流公路港”模式典范企业在全国重点推广，盖世集团在不断完善园区功能性的基础上，主导“创客”文化，努力打造“创客园区”，截至目前已指导、带动近万人在园区内孵化创业。集团先后获评中国5A级物流企业、中国物流示范基地、中国物流百强企业、中国物流产学研基地，现为中国物流采购联合会副会长单位。

微信公众号

山东盖世国际物流集团有限公司

地址：济南市二环北路东首路北777号

邮箱：gs@gs56.com

电话：0531-88288888

传真：0531-88271036

www.gs56.com

国药物流

安全、可及、可视、高效

国药集团医药物流有限公司是国药控股股份有限公司（股票代码：HK1099）的全资子公司，成立于2004年5月，注册资金3亿元，专业从事医药物流服务。

公司已在北京、上海、天津、广东、辽宁、山西、湖北、湖南、江苏、山东、安徽、新疆、河南、河北、四川等22个省（市、区）建有现代化物流中心，拥有覆盖全国31个省、直辖市或自治区（除港澳台外）专业化的医药分拨和配送物流网络。同时还是国家一级抢险、救灾、军需、外援等药械商品的特种储备企业。

国药物流以国药控股的全国网络资源为依托，遵循现代供应链管理的理念，以安全(Safety)、可及(Accessibility)　、可视(Visibility)、 高效(Efficiency)的专业物流能力，为全球健康产业的优秀企业打造中立、开放的供应链管理增值服务平台。

为整条供应链而设的物流网络

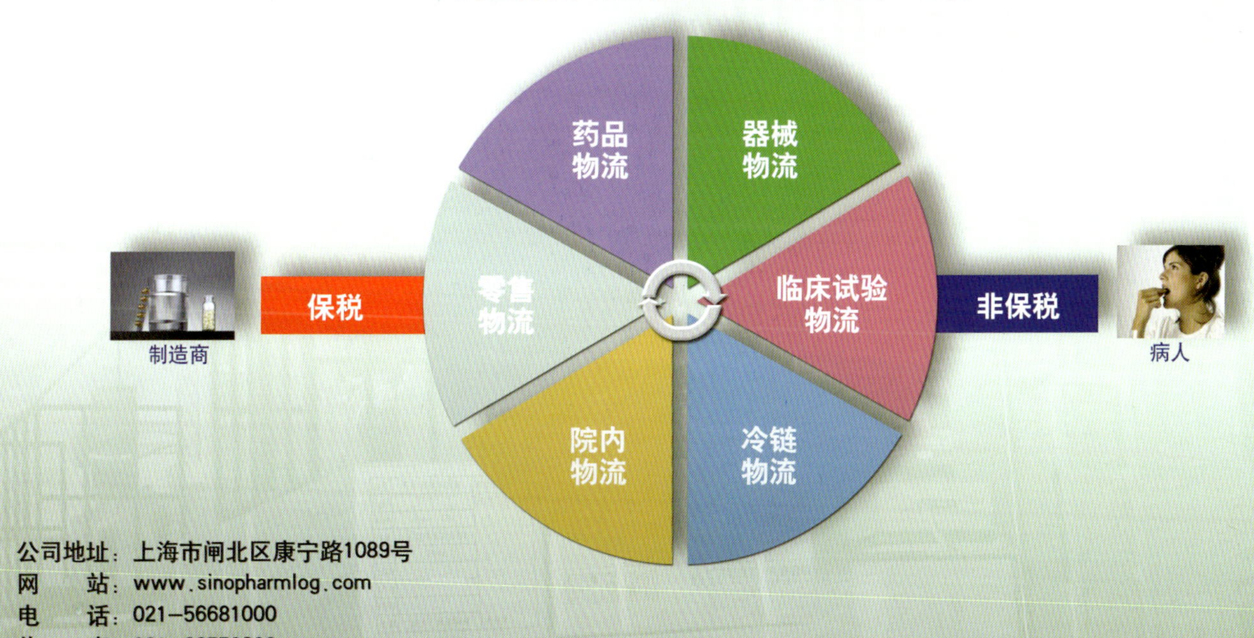

公司地址：上海市闸北区康宁路1089号
网　　站：www.sinopharmlog.com
电　　话：021-56681000
传　　真：021-66553600
第三方业务联系人：施纯懿/陈成

中国铁路物资柳州物流有限公司

中国铁路物资柳州物流有限公司是中国铁路物资（集团）总公司全资子公司，由中国铁路物资（集团）总公司投资 3.5 亿元人民币兴建的第三方专业物流商贸企业，是集物流、商流、资金流、信息流为一体的大型综合性物流服务提供商，注册地址为广西壮族自治区柳州市柳南区河西路 1 号。公司重点打造的“中铁物流园”占地 500 亩，东西长 1700 米，南北宽 500 ～ 800 米，拥有室内仓库 25 座 12 万平方米；室外货场 10 万平方米；铁路专用线 7 条，总长度 6.6 公里，铁路专用线可同时停放 4 ～ 5 个专列，拥有龙门吊、行吊等各类装卸起重设备 27 台套。

打造广西乃至西南地区
领先的生产性服务型企业

世界 500 强——中国铁路物资（集团）总公司
ISO 9001 质量体系认证
AAAA 级综合物流企业
全国首批质押监管优秀企业之一

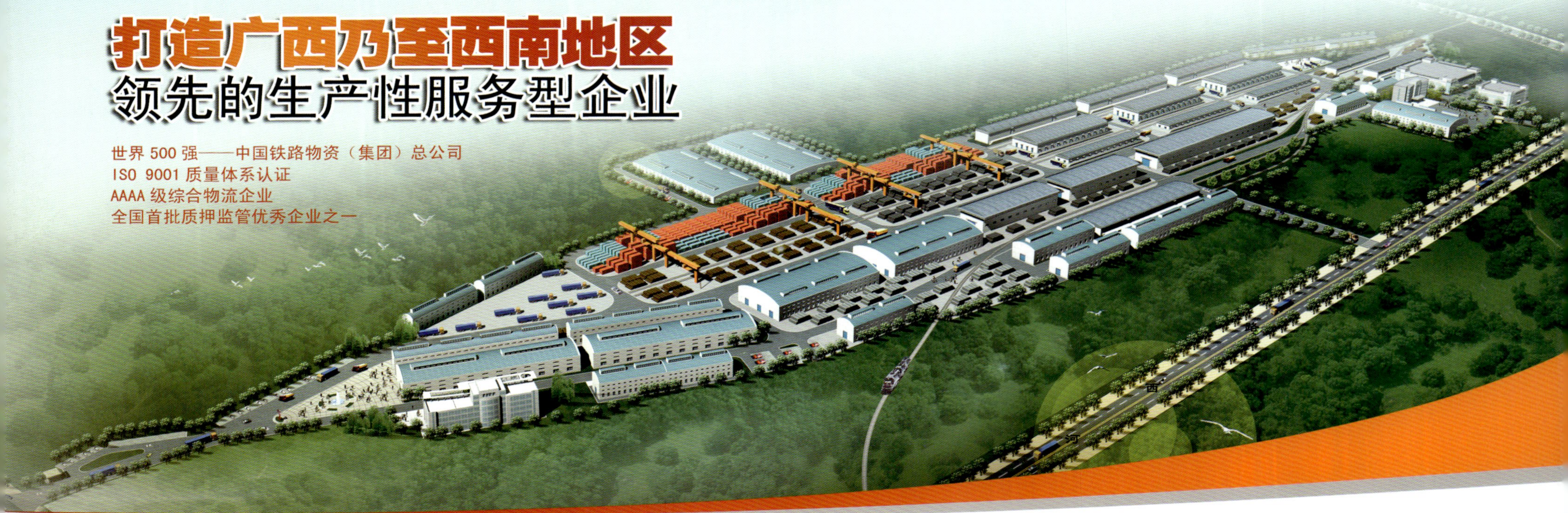

主要业务

* 仓储、运输、装卸搬运、流通加工、租赁等基础物流服务；
* 国际货运代理、货物进出口等货代业务；
* 质押监管、采购执行等金融物流服务；
* 自有库控货等采购代理服务；
* 集汽配金融物流、汽配会展商务、整车销售、二手车交易、汽车装饰维修、电子商务等于一体的大型现代化汽车后市场综合服务中心。

生产性服务企业

利用公司强大的铁路背景、央企品牌，股份公司强大的集采分销能力、世界 500 强经济实力及丰富的海外资源优势为生产性企业提供以大宗生产资料仓储、配送、贸易为基础，延伸到原材料深加工、金融监管、采购执行、现代物流、电子商务等一体化、智能化、一站式、

电子商务平台

——与工商银行合作，依托“融 e 购”平台，实现“互联网 + 柳州中铁汽配城”电子商务服务。

* 产品展示、广告宣传服务
* 线上采购、销售、结算服务
* 供需信息、仓储管理、物流配送服务
* 集合竞价、打包销售、融资服务

物流服务平台

——重点开发大宗物资、汽配件铁路集装箱业务，八桂快运，努力打造公、铁、水联运等综合物流服务。

* 智能仓储管理、流通加工服务
* 运输配送、供应链数据交换及集成物流服务

八桂铁路货物快运

依托中铁汽配城资源和铁路专用线的优势，我公司与南宁铁路局柳州货运中心合作开展“八桂货物快运”项目，打造方便、快捷、安全、在途破损率低的铁路站到站、门到站、门到门的铁路集装箱、整车快运等“定期定点”铁路运输服务。

地址：广西柳州市柳南区河西路 1 号（中铁物流园）
电话：0772-2056998
传真：0772-2056999
网址：www.ztwly.com

信阳金牛物流产业集聚区

南连北达 承东启西

信阳金牛物流产业集聚区 成立于2009年，总规划面积14.36平方公里，下辖金牛社区、十八里庙社区及黄湾村，是河南省180个产业集聚区中仅有的三个以电商物流为主导产业的集聚区之一。金牛产业集聚区的主导产业为电商物流和食品加工。2014年，金牛产业集聚区共入驻规模以上企业累计108家，实现主营业务收入180亿元，增加值44亿元，税收4.7亿元，完成固定资产投资62亿元，从业人员3.93万人，成功晋级省一星级产业集聚区。

——区位优势明显。金牛产业集聚区位于信阳市西北部，北枕中原，南襟荆楚，东扼两淮，西控江汉，107、312国道纵贯园区，京珠、京沪高速环区而过，京广、宁西铁路交会于此，距建设中的明港机场仅30公里。独具优势的地理区位，四通八达的立体化交通，使金牛产业集聚区屹立在豫南承接产业转移的最前沿，成为企业理想的原材料集聚地和产品分销集散地。

——规划科学合理。按照产业集聚、产城互动、统筹规划、有序开发的原则，金牛产业集聚区以原107国道为发展轴，规划建设绿色食品加工、商贸物流和综合服务等功能区，形成“一轴三区”的空间结构，为主导产业腾飞奠定坚实基础。

——基础设施完备。高标准建成了“一纵六横”路网格局，水、电、气、通信等基础设施日趋完备。新建保障性住房2300套，标准化厂房8万平方米，可随时满足中小企业入驻生产。同时，以金牛云仓、信阳汽车北站、铁路货场、公路甩挂基地、云数据信息平台等要素提升型基础配套项目均在按原定计划有序加快建设。

——服务便捷高效。对入驻企业手续实行全程代办制，集聚区“六大服务中心”“零距离”贴身服务、“零缺陷”个性服务、“零干扰”优质服务，帮企业早注册、早开工、早投产、早见效，力争做到成本最低、效率最高、回报最快、信誉最好。

——产业发展明晰。目前，以大别山农产品现代物流中心为代表的农产品物流产业集群，以金润国际建材物流园为代表的建材贸易物流产业集群，以中南家具城为代表的家居物流产业集群，以九州通医药配送中心为代表的医药物流产业集群均在日益蓬勃崛起、发展壮大。不远的将来，一座功能完善、环境优美、宜居宜业、产城融合的现代物流产业基地将华丽绽放在世人眼前。

金牛产业集聚区以成为在全国具有重大影响力的电商物流分拨中心为目标，将用宽广、热情、开放的胸怀诚邀天下宾朋、有识之士前来参观考察、投资兴业，共同携手谱写金牛物流产业集聚区灿若星河的美好明天!

货畅惠龙 易通天下

2014年12月13日，习近平总书记现场视察惠龙e通，赞扬企业的创新精神，希望企业继续努力，不断寻找新的商机和发展新的商业模式。

惠龙率先创立中国无车无船主承运人的货物运输场内交易电商新模式，协同银行、保险、通信、铁路、卫星定位、燃料、重卡、轮胎等运营商总部的要素资源，共同打造中国货运行业的生态链，面向全国发展车船会员、货方会员，利用车船会员的空驶运力帮助货方会员承运各种商品，提高效率，减少浪费，是交通部智慧交通与现代物流创新示范基地、工信部互联网与工业融合创新试点企业、中国建设银行互联网金融创新试点企业。

惠龙e通位于长三角腹地，地处江苏省的中心位置，黄金水道长江和京杭大运河在这里十字交汇，是沪宁、宁通、京沪、宁杭、沿江5条高速公路的节点，与京沪铁路相距2公里；规划占地1500亩，长江岸线1180米，建设3000吨级至7万吨级码头10座，铁路接卸货站一座，总投资30亿元，是中国AAAA级物流企业、省电子商务示范企业、江苏省创新型企业、省2013年度创新团队、工业强省六大行动重点项目单位、省重点企业研发中心、上海期货交易所螺纹钢、线材、热卷和大连商品交易所胶合板、纤维板指定期货交割库。

惠龙历时12年专注物流行业深耕细作，先后完成了公用码头搭建八大服务平台向物流贸易港的转型升级，开创了现代物流贸易港税费贡献率超过传统公用码头30倍的先例；专业物流市场构建八大信息化系统向全国连锁物流电商交割库的转型升级；实体物流基地协同四大运营商向集配电商平台的转型升级，2014年开票交易销售超603亿元人民币；依托连锁物流电商交割库和货运集配电子商务平台，推动在线融资结算，发展厂家直供网上直销电子商务平台的转型升级的四次创新。在全国率先创立信息技术与物流深度融合的商业新模式，将信息技术全面应用于物流业务全过程，形成信息技术“全融合”、专业服务“全覆盖”、效率提升“全流程”、知识产权“全自主”的四大运行特色，奠定了在业界的行业龙头地位。

电话：0511—85898888
传真（Fax）：0511—85939888
地址：江苏镇江金桥大道88号
邮编：212000
E-mail:hletown@hletown.com

www.hletown.com

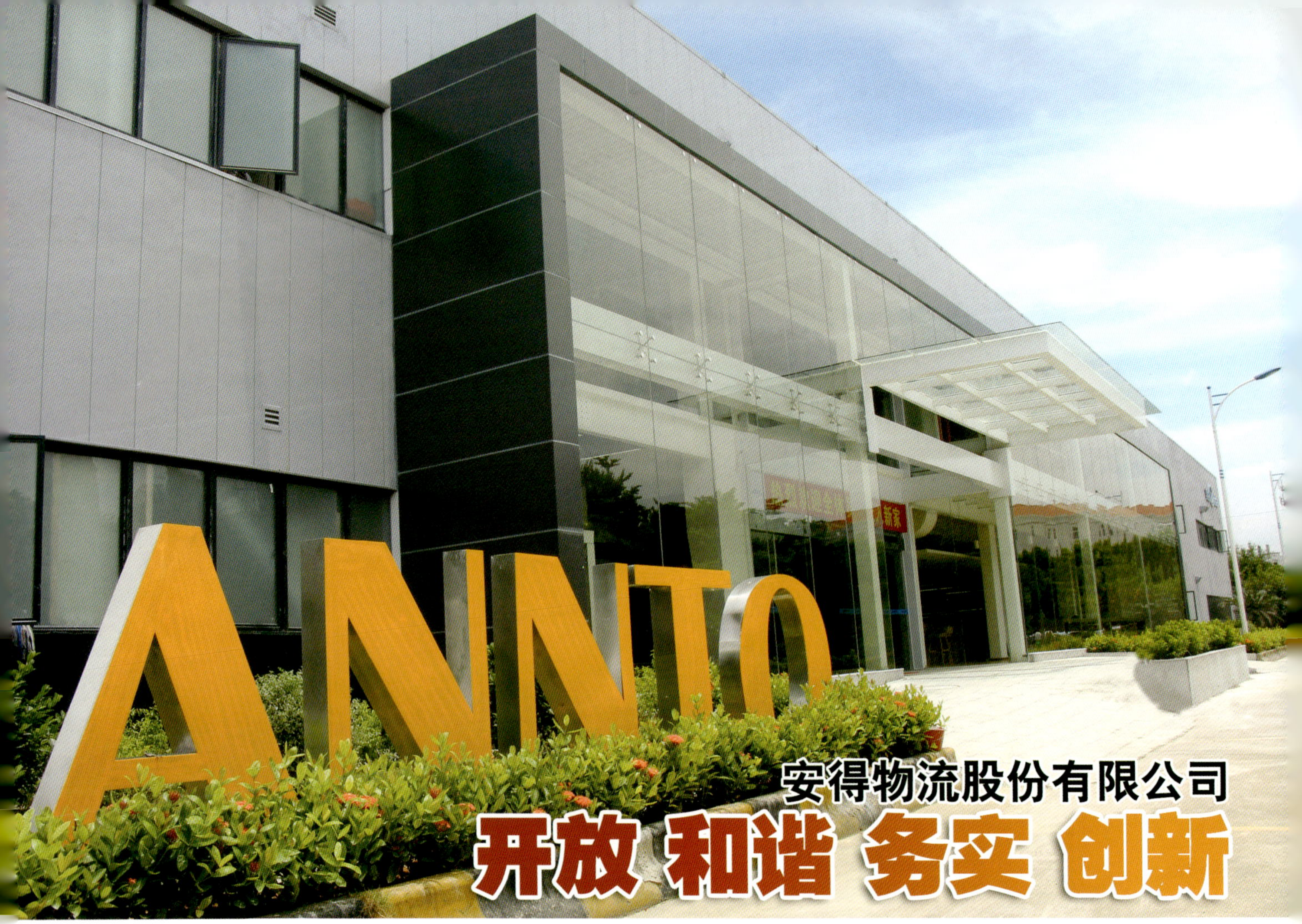

安得物流股份有限公司

开放 和谐 务实 创新

安得物流股份有限公司（简称：安得）创建于 2000 年 1 月，注册资金 6.765 亿元。系国内最早开展现代物流集成化管理、以现代物流理念运作的第三方物流企业之一。安得已发展成为以高效仓储、快准运输、精益配送、冷链与电商物流等为主导，集整体物流方案策划、供应链咨询解决、地产投资、配套增值服务、物流金融为一体的综合型现代化股份制企业。并自主研发“安得物流供应链管理信息系统 ALIS”，不断提升物流信息化的集成高度。

安得先后荣获“中国驰名商标”、“中国 20 家最具竞争力的物流公司”、“中国物流百强企业”第十名、“AAA 级信用企业”、“AAAAA 级综合服务型物流企业”、“中国食品冷链物流定点企业”、“全国物流行业先进集体”、“中国物流管理创新型企业”、“全国制造业与物流业联动发展示范企业”、“安徽名牌”、“安徽省重点流通企业”等称号，被认定为“国家级企业技术中心”、“省级企业技术中心”、“高新技术企业”。

安得将一直以客户需求为中心，以机制为本创造活力，以人为本体现真诚，以一流的团队成就前瞻的专业物流公司，为成就国内最有影响力的物流服务品牌努力前行。

高效仓储

集成手持终端及自主研发 WMS 系统技术，实现高效率仓储作业；

全国 160 个仓储作业点，超过 450 万平方米的仓库管理面积，管理仓库类型包括平面库、立体库、恒温库，满足全国性和多样化仓储需求；具备淡旺季不同仓储产品整合资源能力及 7×24 小时服务能力，满足弹性作业要求能力。

快准运输

15 个综合配送中心已启动，提供 B2B、B2C 的配送服务，实现共同配送共同仓储，配送范围辐射全国；

综合配送中心可辐射周边区域 300 公里的分拨中心，每天按规划固定线路和时间，在区域内定点定车进行循环配送和逆向取货，保证配送及时、准确。

精益配送

自有车 409 辆，可调用车辆超过 1 万辆，其中长租长合车辆约 3000 辆，平均每天在途车辆 2500 多辆，运营网络多达 1.6 万余条线路，多年来形成 150 余条主要对流精品线路。具备公铁水运综合运输整合能力。

冷链物流

成立冷链物流公司，重点建设 5 个区域性平台，加强本土化冷链物流资源整合；优化现有的冷链业务管理系统，提高车辆排班、调度能力；过程信息可查、产品状态实时透明、物流信息记录；食品安全监管标准建立，过程可追溯等技术完善。

电商物流

安得物流战略产品之一；在北京、上海、广东、成都、武汉五大电商物流仓储基地辐射全国；服务过程透明化，最后一公里配送覆盖全国范围。

供应链规划

托盘运输、甩挂运输 、二次包装 仓库选址、代收货款、线路优化、仓单质押。

增值服务及物流金融

物流存款、贷款、投资、信托、租赁、抵押、贴现、保险、有价证券发行与交易，以及金融机构所办理的各类涉及物流业的中间业务等。

安得直通宝

最专业的物流助手应用

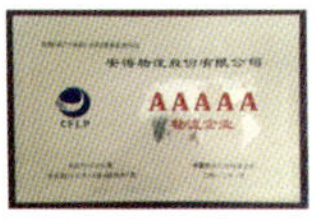

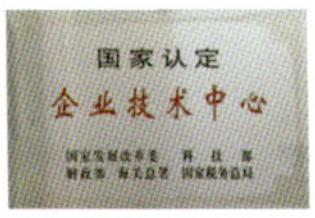

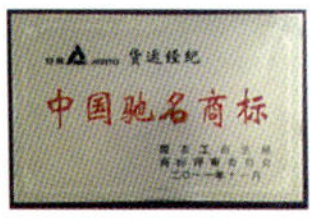

地址：广东省佛山市顺德区北滘镇美的创新中心东门
电话：400-000-0056　传真：0757-26330133
邮箱：service@annto.com.cn　邮编：528311

打造国家级物流园区
助力互联网经济发展

漳州漳龙物流园区开发有限公司的漳龙物流园区项目是国家“十二五”公路货运枢纽建设规划项目、国家“十三五”物流业重大项目，是福建省重点项目、漳州市重点项目、福建省经信委重点项目及福建省交通运输厅重点项目。

项目占地1659亩，总投资30亿元,其中一期总投资9亿元，规划面积495亩，拟于2015年底完工，于2016年投入试运营。项目总体规划8大区域，分为冷链物流作业区、电商物流和城市配送作业区、制造业第三方物流作业区、商贸业第三方物流作业区、园区运营管理中心等，集物流信息服务、物流金融服务等功能为一体全程运用信息化、智能化、大数据管理的现代化综合型物流园区。

漳龙物流园区适应新形势，服务于国家总体战略。园区将建设信息化公共服务平台、物流云数据平台、金融物流服务平台。通过打造三个公共服务平台，将漳龙物流园区建设成为互联网+物联网的大型综合物流服务平台。漳龙物流园区注重区域园区之间互联互通，实现商流、物流、资金流和信息流为一体的全程供应链协同，实现资源优化配置与协同共享。秉持开放、合作、共赢的理念，共同打造以物流园区为枢纽节点的产业生态圈，为物流园区持续健康发展创造适宜环境。

欢迎国内外各界合作伙伴来这里共同建设和经营物流园，实现共求发展、互利共赢。

漳州漳龙物流园区开发有限公司
Zhangzhou Zhanglong Logistics Park Development Co., Ltd

地址：福建省漳州市漳龙高速漳州西出口
招商热线：400-918-1156/0596-2568797

传化公路港物流有限公司

Transfar Road-Port Logistics Co.,Ltd.

传化物流创立“公路港物流”模式，定位于“公路物流平台整合运营商”，致力于构建中国公路物流网络运营体系，为每一个城市配备城市物流中心。

自2003年传化集团在杭州萧山创立传化公路港物流模式，截至2014年，传化公路港已在全国17个省会城市，51个枢纽级地市，合计落实了68个项目。到2020年，计划完成“10枢纽160基地”全国实体平台网络的打造。依托线下实体平台，在线上同步构建起云车、云物流两大业务体系，用互联网手段，高效联接中国公路物流产业链上的三大主体（货主企业、物流企业、货运车辆）。

线上线下联动，提升物流效率，降低物流成本，形成中国公路物流 O2O 全新生态。最终，传化公路港物流构建的中国公路物流运营系统将满足5000万企业运力的采购，实现超过2000万辆卡车的高效调度，让200万亿物资快速有序流动，服务于13亿中国人的幸福生活。有效拉伸公路物流短板，提升物流效率，完善城市物流功能，促进生态环保，推动行业转型升级，提升区域经济运行质量。

2013年国家相关5大部委联合发文推广传化公路港物流经验。

传化公路港全网信息化指挥调度体系

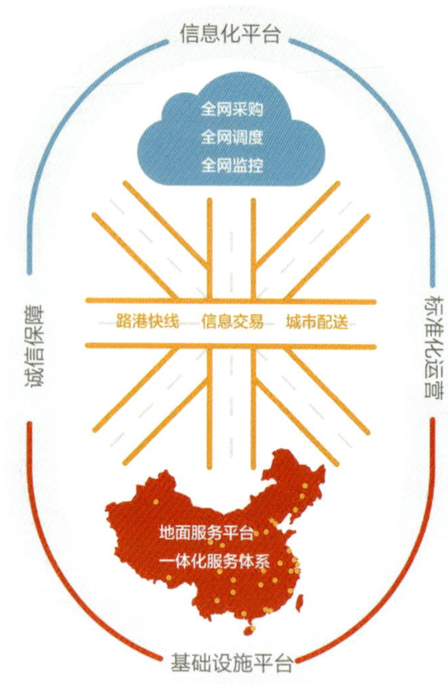

传化集团官微

传化物流官微

www.transfar56.com 400-866-5566

SWIRE COLD CHAIN LOGISTICS
太古冷链物流

太古冷链物流简介

太古冷藏仓库有限公司（以下简称太古冷藏）隶属太古集团，太古集团是一个高度多元化的集团，经营各式各样具环球规模的商业活动。旗下的冷藏业务为全球第三大冷链物流服务供应商，业务遍及美国、澳大利亚、中国、越南及斯里兰卡，拥有超过 60 座冷库。

太古冷藏正在中国建立一个完整的冷链物流网络，致力为中国食品行业提供世界顶尖的温控仓储与冷链物流服务。

太古冷藏在华所建仓库均能按照客户的不同需求提供 -25 摄氏度 ~15 摄氏度的多温区仓库存储、分拣及各类型需要温控环境的增值服务。

太古集团是香港最大、历史最悠久的集团之一。其成员公司还包括：国泰航空、港龙航空、太古饮料、太古地产、太古资源、太古汽车、太古糖业等。

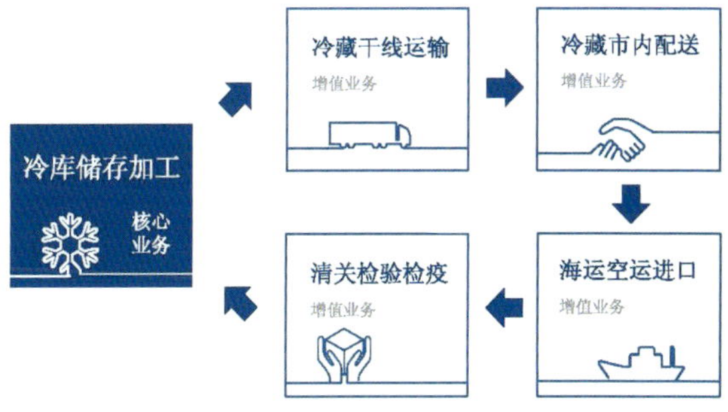

上海冷库

位于上海市奉贤区海港综合经济开发区，距离市区 60 千米，距离洋山港保税区（上海自贸区）15 千米。

廊坊冷库

位于廊坊经济技术开发区，距离北京市中心（天安门广场）约 50 千米，距离天津港约 120 千米。

- 上海冷库东邻临港新城和浦东机场，西接奉贤中心和杭州湾大桥，北靠郊环线高速公路和上海市区，南挨洋山港保税区和浦东铁路线，海陆空三位一体，交通网络便利，覆盖上海市区及长三角周边地区。依托洋山港和自贸区的区位优势，可有效对接海内外进出口冷冻冷藏食品业务。
- 太古冷链物流上海冷库和廊坊冷库总容量均为 50000 托板，合计 4 万吨。上海冷库还辅以 500 平方米的包装加工车间。
- 上海冷库和廊坊冷库均分为 7 个独立库房，可按客户的不同需求提供 -25 摄氏度 ~15 摄氏度的多温仓库。
- 除冷冻冷藏间外，上海冷库和廊坊冷库还设计有 0~4 摄氏度的 3300 平方米的制冷缓冲间（穿堂）和专业的装卸作业平台，确保装卸和进出库作业环节的全程冷链。
- 上海冷库和廊坊冷库均拥有 30 个卸货平台，使用液压升降平台、充气式门封、滑升门、倒车指示灯，满足不同情况下的运作。

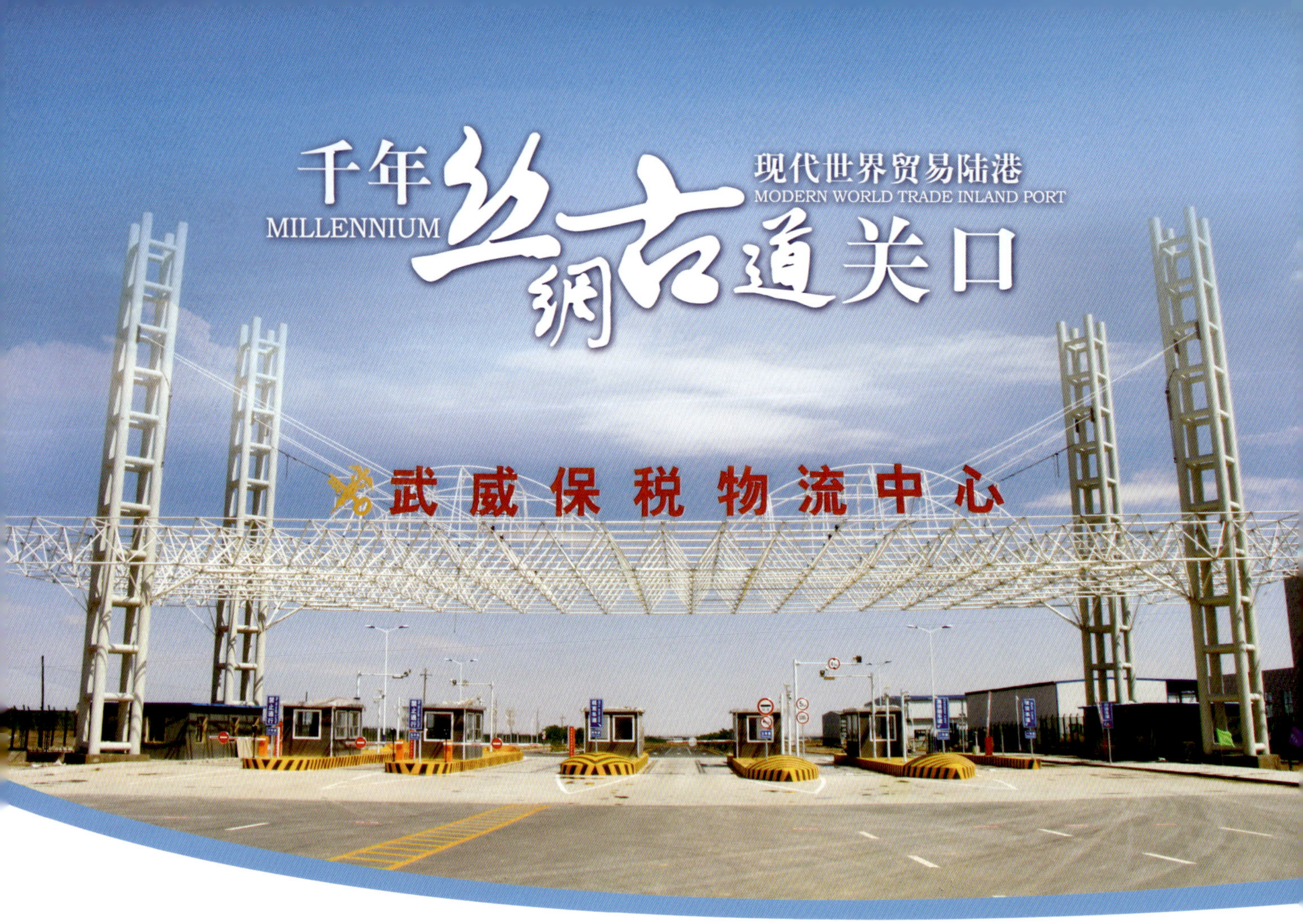

千年丝绸古道关口

MILLENNIUM

现代世界贸易陆港

MODERN WORLD TRADE INLAND PORT

武威保税物流中心

甘肃陆港实业股份有限公司，由和泰通汇（北京）投资发展股份有限公司投资控股，是甘肃国际陆港开发建设及运营主体。甘肃国际陆港将以武威保税物流中心为依托，中欧国际货运班列“天马号”为基础，建设国际物流、国际贸易、金融与实业融合、进出口加工基地（自贸区）四大产业平台。逐步成为亚欧间重要的商品中转、集散基地、物流枢纽，成为丝绸之路经济带上最具竞争力的内陆口岸,将丝绸之路黄金节点城市武威，建设成为中国的“新加坡”。

武威保税物流中心是国家在甘肃省批准设立的首家海关特殊监管区，位于甘肃国际陆港核心区，占地734亩，具有保税仓储、国际物流配送、简单加工和增值服务、检验检测、进出口贸易和转口贸易、商品展示、物流信息处理、口岸、出口退税等九大功能，2014年10月13日封关运营，已开通中欧货物班列“天马号”。二期规划面积15.7平方公里，在武威保税物流中心的基础上，建设武威综合保税区和进出口加工基地。充分发挥保税区“金融杠杆”作用，我司积极开发、改进各类金融工具，为甘肃国际陆港及设立在全国各地的物流基地内入驻企业，提供便捷、高效、优质、低息的金融服务；充分发挥互联网金融作用，解决中小企业融资难的现状；面向进出口企业，推出了“一站式”金融解决方案，为客户提供一对一的国际金融服务支持，促进国际贸易产业的规范发展，增加市场竞争力、扩大市场占有率。

甘肃中欧国际物流有限公司是中欧国际货运班列“天马号”运营主体。2014年12月12日中欧班列“天马号”首发(武威至哈萨克斯坦阿拉木图市），截止到2015年2月11日，共发行11列512箱。“天马号”将开行武威至中亚、中东线；俄罗斯、波罗的海线；欧洲、德国汉堡线。中亚线创造了国际货运班列中以最短时间，实现一周两班稳定运行的纪录，预期年吞吐量达15万吨。

我司推出的互联网+4E综合外贸标准化服务平台，将实现通过便捷、在线订舱、在线支付、正品真货诚信流通；与各地中欧班列实现“代码共享”，提高物流效率、减少境外无序竞争；利用互联网金融促进国际贸易快速发展、切实解决中小企业贷款难；实现中国梦-中国竞争力。

我们将充分发挥现代科技与传统农牧业相结合的优势，利用物联网和RFID及生物DNA科技技术，为甘肃国际陆港出区商品贴上可追溯生命标签，通过网上可视化查询，建立产品信用，树立国产品牌的国际市场竞争优势。

发展目标：以国内外保税区为基础，大力发展跨境电子商务、国际金融服务，逐步建设成面向全球的电子商务平台、物流平台国际贸易平台、区域金融中心，建立与完善“无边界、多业态”联合的全方位优质O2O服务，为丝绸之路经济带的发展做出应有的贡献。

地址：甘肃省武威市黄羊镇武威保税物流中心

联系人：王君冬　钱磊　　联系电话：0935-5810011　0935-5810018

邮箱：wangjundong@htthco.com　qianlei@htthco.com

中韩跨境贸易电子商务产业园

中韩跨境贸易电子商务产业园由威海国际物流园发展有限公司打造，隶属于威海港集团，是中韩自贸区背景下，省、市重点规划的集电商、贸易、保税、仓储、分拨、配送、速递、金融等服务功能为一体的公共型跨境电商物流综合产业园区。

产业园占地面积16万平方米，已经建设有12座标准化仓库以及3座沿街商务楼，总投资3.6亿元人民币。

12座标准仓库规划为5大功能区

保税仓储区——是2013年经过海关审批设立的公用型保税仓库，可为客户提供缓税和简单加工包装的保税仓配业务。

监管中心区——为我市统一规划的跨境电商监管中心，是实现海关商检统一监管、集中查验的公共服务区域。独具跨境电商物品及中韩邮路物品的联合查验功能，为中韩贸易往来必备的海关商检集中查验场所。

分拣操作区——主要为客户提供对出入货物进行分拣、归类，重新包装、贴单等作业场所。

分拨配送区——主要是对入境货物进行全国各地的配送，为客户提供高效便捷的快递配送服务。

公共仓储区——主要为大中小型客户提供仓储服务。

3座沿街商务楼分别为：中韩跨境电商保税展示交易中心、中韩跨境贸易电子商务服务中心、中韩跨境贸易电子商务基地。

我们规划还未建设的区域约43万平方米。大量的剩余土地资源也是物流园招商引资、合资合作的一大优势，我们将借中韩自贸区东风，发挥威海仁川经济合作示范区的独特优势，吸引国内外各界合作伙伴来这里共同建设和经营物流园，实现合作共赢！

扫描二维码获得更多资讯

快递物流产业园
公共储存中心
商品分拣分拨中心
中韩跨境贸易电子商务基地
跨境电商监管中心
保税仓储中心
中韩跨境贸易电子商务服务中心
跨境电商保税展示交易中心

威海国际物流园
中韩跨境贸易电子商务产业园规划图

地址：威海市临港经济技术开发区福州路11号　电话：0631-5589801　邮箱：gjwlywh2008@163.com

国家AAAAA级物流企业 / 中国汽车经销商集团百强企业
交通运输部重点联系道路运输企业 / 广西著名跨国道路货物运输企业
中国物流杰出企业 / 国家首批20家一级道路货物运输企业之一

广西玉柴物流集团有限公司成立于1998年，是国家500强企业——广西玉柴机器集团有限公司下属全资子公司，是国家首批二十家一级道路运输企业之一、中国交通部重点联系道路运输企业、国家5A级物流企业。

主要产业构成涵括运输、仓储、配送、生产物流、物流增值服务、国际货代、供应链金融、整车与配件销售、维修保养、二手车及增值服务等。

公司总部设立在中国-东盟博览会永久举办城市，中国绿城——南宁。

公司在北京、深圳、广州、杭州、西安、成都等全国大中城市设立有100多家公司，近200多个营运网点，在广西建立了覆盖全区域的县市配送网络。

公司将充分发挥泛珠三角和东盟自贸区优势，以汽车零部件及后市场产品、消费品、能化产品、工程机械产品等为主，通过产业园、仓储、零担分拨配送、宅配、多式联运、运力整合、多行业深植、电子商务等多种方式大力发展深度产业供应链服务，打造区位核心竞争力，形成以广西为核心，辐射中国主要经济圈及东盟的物流网络，最终成为国际领先的供应链一体化服务商。

TEWOO 天津物产集团有限公司
天津物产集团有限公司（原天津市物资集团总公司）是天津市最大的国有生产资料流通企业之一，于1993年年底由天津市物资管理局转制组建，2012年集团完成公司制改制，正式更名为天津物产集团有限公司。
集团注册资本25.2亿元，2014年年末资产总额1691亿元，拥有企业340个，全球雇员达到1.9万人。集团经营领域涵盖大宗商品贸易、现代物流、地产开发、金融服务等。其中大宗商品贸易主要包括金属（黑色金属、有色金属）、能源（煤炭、焦炭、燃料油）、矿产（铁矿、有色矿）、化工、汽车机电五大板块，是国家商务部全国重点培育的流通领域20家大企业集团之一。
集团经营区域覆盖全国，并在美国、德国、日本、新加坡、菲律宾、中国香港等国家和地区建立了18家境外分支机构。2014年集团完成销售收入4023亿元，实现利润23.7亿元，完成进出口贸易额226.6亿美元。
在2015年世界500强企业排名中，集团名列第146位，比2014年前进39位，在上榜的全球贸易型企业中排名第6位，在上榜的106家中国企业中排名第26位。
TEWOO 天物大宗 全国NO.1
www.tewoo.com 地址：天津市和平区营口道4号 电话：022-23030779 传真：022-23315316
清韵茶
领悟生活真谛，
品味陈香韵意。
康乐甘香，有八德处有嘉饮；
和清敬美，无一物中无尽藏。
电话：010-83673569
QQ：825033360

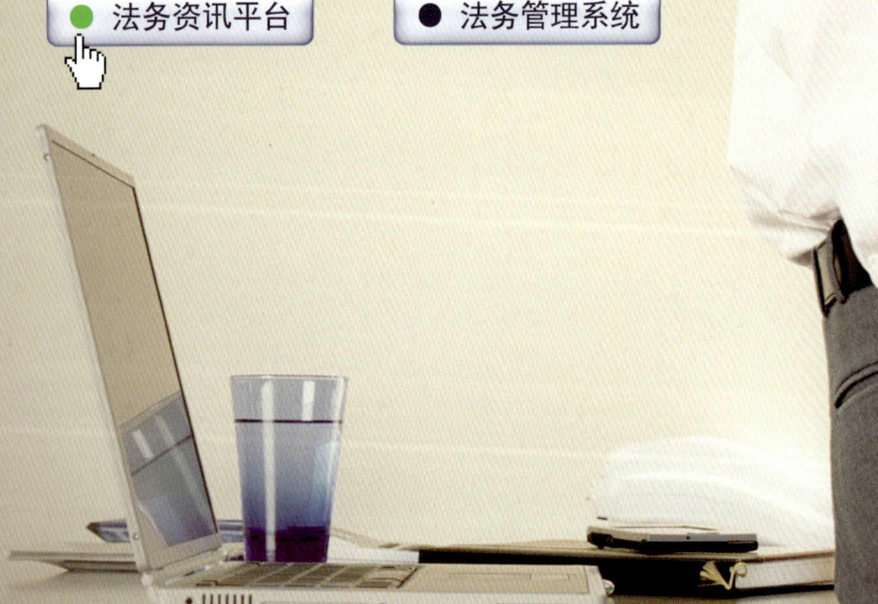

ISBN 978-7-5047-5908-5

定价：480.00元（全2册）